Cahier d'exercices
LANGUE ET LITTERATURE

Third Edition

THOMAS H. BROWN
Brigham Young University

D.C. HEATH AND COMPANY
Lexington, Massachusetts • Toronto

Copyright © 1984 by D.C. Heath and Company.
Previous editions copyright © 1974, 1967 by McGraw-Hill.

All rights reserved. No part of this publication may be reproduced or transmitted in any form or by any means, electronic or mechanical, including photocopy, recording, or any information storage or retrieval system, without permission in writing from the publisher.

Published simultaneously in Canada.

Printed in the United States of America.

International Standard Book Number: 0-669-06683-4

Preface

This *Cahier d'exercices* combines with the textbook, *Langue et Littérature,* Third Edition, to form an integrated program for the development of basic language skills at the intermediate level. It is devoted to writing and spelling practice and provides necessary reinforcement of material in the basic text. The workbook lessons, which correspond to those of the text, are designed to be written outside of class according to the following suggested instructions:

1. *Exercises.* Work the drills as directed. Write out the exercises completely; ditto marks and abbreviations do little to develop mastery in writing. The drills in the workbook are self-correcting. Check your answers against those given in the back of the workbook, and correct your mistakes. Copy misspelled words several times.
2. *Compositions.* Outlines, topics, and suggestions for compositions are provided in the workbook lessons. Write your paragraph or short theme according to the instructions given, bearing in mind that it may be graded by your instructor. When you are not sure of spelling or verb endings, refer to the *lexique* and verb references in your text. You are cautioned against the undesirable practice of composing a passage in English and then translating it into French. Follow the outline in the workbook and write your composition in French, using structures and vocabulary you already know.
3. *Review.* The workbook is structured so that the lessons are reviewed twice. Most of the drills in the review sections, like the other exercises of the workbook, are self-correcting. Work them according to instructions. Correct your mistakes as you go along, and refer to grammar explanations and definitions of vocabulary in the basic text to clarify material you may have forgotten. If you continue to have difficulty with writing and spelling, rework previous lessons by placing a clean piece of paper over work already done. Write the lessons again according to the directions in the workbook, checking them and correcting mistakes.

Table des Matières

Première Leçon préliminaire 1
Deuxième Leçon préliminaire 7
Troisième Leçon préliminaire 11
Première Leçon: *Knock* 19
    Le partitif 20
    Y et *en* 23
    Pronoms relatifs 24
    Les verbes irréguliers *voir* et *croire* 25

Deuxième Leçon: *Knock* (suite) 33
    Le présent du subjonctif (verbes réguliers) 34
    Le présent et le passé du subjonctif (verbes irréguliers) 36
    Les verbes irréguliers *connaître (reconnaître, paraître, disparaître, apparaître)* et *naître (renaître)* 38

Troisième Leçon: *L'Enfant noir* 45
    Les adjectifs et les pronoms possessifs 46
    À, en, au, aux, dans avec les noms de lieu 48
    Le passé simple 48
    Les verbes irréguliers *devoir, recevoir (apercevoir)* et *boire* 49

Quatrième Leçon: *Le Silence de la mer* 57
    Les verbes réfléchis 58
    Les verbes irréguliers *ouvrir (couvrir, découvrir, recouvrir, offrir, souffrir)* et *cueillir (accuellir, recueillir)* 61

Cinquième Leçon: *Le Silence de la mer* (suite) 69
    Les pronoms compléments d'object direct et indirect 70
    Les verbes irréguliers *lire (élire, relire)* et *dire (contredire, redire)* 73

Sixième Leçon: *L'Étranger*   81

    Le futur avec *quand, lorsque, dès que, aussitôt que;* les propositions conditionelles   82
    Le présent et l'imparfait avec *depuis, depuis quand* et d'autres expressions de temps   85
    Les verbes irréguliers *courir (parcourir)* et *rire (sourire)*   86

Septième Leçon: *L'Étranger* (suite)   93

    Il est, c'est un (une) ce sont des   94
    Les pronoms toniques et les pronoms compléments d'object direct et indirect avec l'impératif   96
    Les verbes *s'asseoir* et *craindre (plaindre, se plaindre, éteindre, peindre, atteindre)*   97

Huitième Leçon: *La Symphonie pastorale*   105

    Les adjectifs et les pronoms démonstratifs   106
    Penser à et *penser de*   107
    Le subjonctif comme impératif de la troisième personne   108
    L'inversion dans les phrases non-interrogatives   109
    Faire suivi de l'infinitif *(faire* causatif)   109
    Le verbe *mourir*   111

Neuvième Leçon: *La Symphonie pastorale* (suite)   119

    Révision des adjectifs: Le masculin, le féminin, et le pluriel   120
    La place des adjectifs   121
    Le passé antérieur   122
    L'imparfait et le plus-que-parfait du subjonctif   122
    Le verbe *conduire (construire, détruire, produire, reconstruire, traduire)*   123

Dixième Leçon: *Chez Nous*   131

    Les nombres   132
    Le comparatif et le superlatif   133
    Les verbes irréguliers *mettre (admettre, permettre, promettre, remettre, soumettre, transmettre, se mettre à)* et *battre (se battre)*   136

Onzième Leçon: *Zone*   143

    Les pronoms et les adjectifs indéfinis   144
    Les verbes *écrire (décrire)* et *vivre (revivre, survivre)*   145

Douzième Leçon: *Poésie nègre de la langue française*   151

    Les formes verbales après les prépositions   152
    L'emploi des prépositions *à* et *de* devant un infinitif   153
    Le verbe *plaire (se taire)*   154

Vérifications   161

Nom .... Section .... Date ....

1

Première Leçon préliminaire

The answers to the exercises for this and other lessons will be given at the end of this book. Work the drills as directed. Immediately after finishing the exercise, check your answers. Of course, you must correct your mistakes. Copy misspelled words several times.

I. En utilisant les mots donnés, composez des phrases.

MODÈLE: Paul/ne/aimer/la philosophie/. (au présent)
Paul n'aime pas la philosophie.

1. Nous/dîner/huit heures/. ....

2. Répondre/tu/questions/du professeur/? ....

3. Ils/ne/applaudir/beaucoup/. ....

4. Quand/servir/elle/le déjeuner/? ....

5. Attendre/elles/depuis longtemps/? ....

6. Je/passer mes vacances/France/. ....

7. À quelle heure/finir/vous/? ....

   ....

8. Nous/sortir/souvent/le soir/. ....

   ....

MODÈLE : Paul/ne/aimer/philosophie/. (à l'imparfait)
         Paul n'aimait pas la philosophie.

9. En ce temps-là/elle/sortir/avec Paul/. ....

   ....

10. Nous/ne/étudier/beaucoup/. ....

    ....

11. Tu/finir/toujours/minuit/. ....

    ....

12. Les jeunes filles/attendre/toujours/au restaurant/. ....

    ....

MODÈLE : Nous/finir/six heures/. (au futur)
         Nous finirons à six heures.

13. Ils/perdre/sûrement/leur argent/. ....

    ....

14. Quand/retourner/tu/? ....

    ....

15. Elle/déjeuner/à la maison/. ....

    ....

16. Georges et Paul/vendre/leur auto/. ....

    ....

MODÈLE : À votre place/je/ne/étudier/. (au conditionnel)
         À votre place, je n'étudierais pas.

17. Dans ce cas-là/nous/ne/choisir/ce cadeau/. ....

    ....

18. Je/chercher/un autre hôtel/. ....

    ....

Nom .... Section .... Date ....

19. Elles/partir/ce soir/six heures/. ....

20. Dans ce cas-là/vendre/vous/votre maison/? ....

II. *En employant la forme* vous *de l'impératif, dites à:*

1. M. Vincent de passer ses vacances en Italie. ....

2. Madeleine de chercher un autre appartement. ....

3. Jeannette de choisir un autre cours. ....

4. Paul de ne pas perdre son temps. ....

III. *En employant la forme* tu *de l'impératif, dites à:*

1. Jean de ne pas perdre son temps. ....

2. Jacques de donner le cadeau à Marie. ....

3. Marie de ne pas rester à la maison. ....

4. Robert de bien dormir. ....

IV. *En employant la forme* nous *de l'impératif, suggérez à:*

1. Pauline de finir tout de suite. ....

2. Georges d'étudier le français ce soir. ....

3. Jacqueline de partir demain matin. ....

....

4. Mlle Leblanc d'attendre Paul à l'école. ....

....

V. *Répondez aux questions suivantes, en utilisant les expressions entre parenthèses.*

1. Quel cours préférais-tu en ce temps-là? (la chimie) ....

....

2. Quand partirez-vous? (Nous... ce soir) ....

....

3. Où demeurent vos parents? (à Philadelphie) ....

....

4. Quand finiraient-ils? (la semaine prochaine) ....

....

5. Sors-tu souvent le soir? (Non) ....

....

6. Quelle saison aimez-vous mieux? (l'automne) ....

....

7. Il mentait beaucoup en ce temps-là, n'est-ce pas? (Non) ....

....

8. Dans ce cas-là, elle vendrait son auto, n'est-ce pas? (Non) ....

....

....

9. Où travaillez-vous? (à la banque) ....

....

10. Pourquoi n'arriveront-ils pas à l'heure? (le train est en retard) ....

....

11. Dans ce cas-là, vous suivriez un cours de philosophie, n'est-ce pas? (Oui) ....

....

....

Nom .... Section .... Date ....

12. À quelle heure finissez-vous le travail? (Nous... à cinq heures) ....
   ....
   ....

13. Répondiez-vous toujours à ses demandes? (Oui) ....
   ....

14. Quand répondras-tu à sa lettre? (ce soir) ....
   ....

15. Depuis combien de temps Michel attend-il? (une demi-heure) ....
   ....
   ....

VI. *En employant l'inversion, demandez à:*[1]

1. Georges s'il choisit bien ses cours. ....
   ....

2. Henri s'il sortait souvent en ce temps-là. ....
   ....

3. Suzanne si elle finira à l'heure. ....
   ....

4. Paul quel cours il préférait l'année dernière. ....
   ....

5. Robert s'il vend son auto. ....
   ....

6. Michel s'il travaillera jusqu'à minuit. ....
   ....

7. Jacqueline si Jean attendrait Suzette. ....
   ....

8. Claudette si elle part ce soir ou demain. ....
   ....

[1] In this and other *Demandez à* exercises, use *vous* when it is a question of using *vous* or *tu*, unless otherwise specified.

VII. *Écrivez en français.*

1. She waits here every day. ....
   ....

2. She's waiting for Pierre. ....
   ....

3. She'll wait until five o'clock. ....
   ....

4. She used to wait here every day. ....
   ....

5. She was waiting for Paul. ....
   ....

6. In that case, she'd wait until six o'clock. ....
   ....

Nom .... Section .... Date ....

2

Deuxième Leçon préliminaire

I. En utilisant les mots donnés, composez des phrases.

MODÈLE: Paul/aller/bibliothèque/. (au passé composé)
Paul est allé à la bibliothèque.

1. Hier/nous/acheter/un cahier/. ....

2. Les jeunes filles/descendre/à Rome/. ....

3. Je/partir/pour Paris/six heures trente/. ....

4. L'année dernière/elle/grandir/beaucoup/. ....

MODÈLE: Paul/aller/bibliothèque/. (au plus-que-parfait)
Paul était allé à la bibliothèque.

5. Quand/sortir/elles/? ....

6. Vous/attendre/longtemps/à la gare/ ....

7. Je/finir/déjà/six heures/. ....

8. Suzanne/ne/retourner/encore/. ....

....

MODÈLE: Jean/finir/étudier/. (au futur antérieur)
Jean aura fini d'étudier.

9. Elle/ne/terminer/sa composition/. ....

....

10. Quand/arriver/ils/? ....

....

11. Demain/nous/vendre/déjà/notre/auto/. ....

....

12. Je/partir/déjà/demain matin/. ....

....

MODÈLE: Dans ce cas-là/elle/ne/continuer/. (au conditionnel passé)
Dans ce cas-là, elle n'aurait pas continué.

13. Je/préférer/cette maison/. ....

....

14. Elles/ne/sortir/. ....

....

15. Dans ce cas-là/ils/accomplir/davantage/. ....

....

16. Nous/perdre/le match/. ....

....

II. *Répondez aux questions suivantes, en utilisant les expressions entre parenthèses.*

1. Quand auras-tu fini d'étudier? (6 h 30) ....

....

2. Sont-ils déjà arrivés? (Non.../pas encore) ....

....

3. Quelle auto auriez-vous préférée? (celle-là) ....

....

Nom .... Section .... Date ....

4. Étaient-ils déjà rentrés? (Non.../pas encore) ....
   ....

5. À mon retour, elle sera déjà partie, n'est-ce pas? (Oui) ....
   ....

6. Avez-vous perdu votre livre? (Non) ....
   ....

7. Pourquoi aviez-vous dîné en ville? (parce que mes parents m'avaient invité) ....
   ....

8. Dans ce cas-là, seriez-vous descendu à Nice? (Oui) ....
   ....

III. En employant l'inversion, demandez à:

1. Pauline si elle est sortie hier soir. ....
   ....

2. Jacques pourquoi il n'avait pas fini son travail. ....
   ....

3. Georges quand les autres seront rentrés. ....
   ....

4. Madeleine si elle aurait préféré rester plus longtemps. ....
   ....

5. Roger si Paul et Hélène ont choisi leurs cours. ....
   ....

IV. Écrivez en français.

1. He's sleeping. ....
   ....

2. He sleeps here from time to time. ....
   ....

3. He slept here last night. ....
   ....

4. He was sleeping when you left. ....
....

5. He used to sleep here from time to time. ....
....

6. He had already slept enough. ....
....

7. He'll sleep here tonight. ....
....

8. He will have slept ten hours. ....
....

9. In that case, he'd sleep longer. ....
....

10. In that case, he would have slept longer. ....
....

11. We're going out. (Employez *sortir*.) ....
....

12. We go out often. ....
....

13. We used to go out often. ....
....

14. We went out last night. ....
....

15. We'll go out tonight. ....
....

16. In that case, we'd go out tonight. ....
....

17. In that case, we would have gone out last night. ....
....

Nom .... Section .... Date ....

3

Troisième Leçon préliminaire

I. En utilisant les mots donnés, composez des phrases.

1. Je/faire/de mon mieux/. (au futur) ....

2. Elle/venir/déjà/avant/midi/. (au futur antérieur) ....

3. Pouvoir/tu/aller/voir/Marc? (au passé composé) ....

4. Savoir/vous/verbes/? (au présent) ....

5. Nous/ne/venir/aujourd'hui/. (au présent) ....

6. Mes parents/ne/comprendre/. (au conditionnel passé) ....

7. Ils/ne/savoir/leçons/. (à l'imparfait) ....

8. Aller/tu/en ville/hier/? (au passé composé) ....

11

9. Je/ne/pouvoir/finir/ce soir/. (au présent) ....
   ....

10. Vouloir/vous/un peu/potage/? (au conditionnel) ....
    ....

11. Mon ami/aller/bal/ce soir/. (au présent) ....
    ....

12. Elles/ne/venir/hier/. (au passé composé) ....
    ....

13. Faire/vous/déjà/projet/? (au plus-que-parfait) ....
    ....

14. Nous/comprendre/très bien/. (au présent) ....
    ....

15. Je/ne/vouloir/salade-là/. (à l'imparfait) ....
    ....

16. Les autres/faire/devoirs/. (au présent) ....
    ....

17. Il/pouvoir/venir/demain/. (au conditionnel) ....
    ....

18. Nous/ne/aller/cinéma/hier/. (au conditionnel passé) ....
    ....

19. Savoir/vous/les verbes/demain/? (au futur) ....
    ....

20. Vouloir/tu/lire/roman-ci/? (au présent) ....
    ....

21. Je/prendre/déjà/mon dîner/. (au plus-que-parfait) ....
    ....

II. *Transformez les phrases suivantes selon les indications données.*

1. Tu vas à Londres, n'est-ce pas? (au passé composé) ....
   ....

Nom .... Section............. Date ....

2. Ils n'ont pas pu vous voir. (au présent) ....

3. Tu fais très bien en français. (au conditionnel) ....

4. À sept heures elle vient. (au futur antérieur) ....

5. Nous pourrions faire le projet. (au conditionnel passé) ....

6. Je sais jouer du piano. (à l'imparfait) ....

7. Nous savons toute la leçon. (au futur) ....

8. Il fait mauvais. (au passé composé) ....

9. Elle ne savait pas ton adresse. (au présent) ....

10. Ils voudraient voir ce film. (au conditionnel passé) ....

11. Tu ne veux pas venir. (à l'imparfait) ....

12. Élizabeth veut t'en parler. (au futur) ....

13. Tu es allé en ville. (au présent) ....

14. Ils font une promenade. (à l'imparfait) ....

15. Nous ne venons pas. (au futur) ....

16. Je ne vais pas à la conférence. (au futur) ....

17. Vous avez fait de votre mieux. (au présent) ....

18. Ils ne savent pas la nouvelle. (au passé composé) ....

19. Elles n'ont pas voulu venir. (au présent) ....

20. Tu comprends déjà. (au plus-que-parfait) ....

21. Émile ne peut pas venir. (au conditionnel) ....

22. Je n'ai pas compris. (au présent) ....

23. Nous sommes venus de bonne heure. (au présent) ....

24. Ils prennent le dîner à sept heures. (au futur) ....

III. *Dans les phrases suivantes, employez* depuis, pendant *ou* pendant que, *selon le cas.*

1. Vous étudiez .... les autres étaient au bal.

2. Elle a étudié .... une heure.

3. Nous sommes ici .... deux semaines.

IV. *Dans les phrases suivantes, employez* devant, avant, avant de, avant que, à cause de *ou* parce que, *selon le cas.*

1. J'arriverai .... minuit.

2. Il ne voulait pas essayer .... il jugeait que la leçon était trop difficile.

3. Mettez vos souliers .... la porte.

4. On a remis le match .... mauvais temps.

5. .... partir, il est venu nous voir.

Nom.. Section............. Date.................

V. *Écrivez des phrases complètes en utilisant les mots et les expressions suivantes.*

1. quelque part ....
   ....

2. au bout de ....
   ....

3. ni... ni ....
   ....

4. là-haut ....
   ....

5. non plus ....
   ....

6. chez ....
   ....

7. à la fin de ....
   ....

8. debout ....
   ....

VI. *Écrivez des questions selon le modèle donné.*

MODÈLE: Cette fille reviendra demain.
Quelle fille reviendra demain?

1. Ces garçons sont partis ce matin. ....
   ....

2. Cet homme pourrait nous aider. ....
   ....

3. Ces étudiantes ne sont pas venues. ....
   ....

4. Ce veston est trop cher. ....
   ....

5. Cette robe est belle. ....

....

VII. *Écrivez des questions selon le modèle donné. Remplacez le mot ou l'expression en italique par un pronom interrogatif.*

MODÈLE: *Jacques* viendra ce soir.
Qui viendra ce soir?

1. *Ce monsieur-là* a vendu sa maison. ....

....

2. Il s'inquiète de *la condition misérable de son ami.* ....

....

3. Il a embrassé *ses enfants.* ....

....

4. *Le pain* est sur la table. ....

....

5. Ils cherchent *un appartement moderne.* ....

....

6. *Paul* a aidé les autres. ....

....

7. Il a écrit une composition sur *l'art français.* ....

....

8. *Le train* fait le bruit. ....

....

9. J'ai parlé avec *mes amis* jusqu'à minuit. ....

....

10. J'étudie *l'Étranger d'Albert Camus.* ....

....

Nom .... Section .... Date ....

Composition

VIII. *Vous venez de rentrer à l'université après les grandes vacances. En vous limitant aux suggestions suivantes, écrivez un petit thème sur une autre feuille de papier. Employez les mots et les expressions que vous connaissez. Ne consultez le dictionnaire que pour vérifier l'orthographe.*

quitter la maison à huit heures du matin; prendre un taxi; mettre une demi-heure pour arriver à la gare (à l'aéroport); donner les raisons du retard; rencontrer un copain (une amie) qui vous accompagne; partir à dix heures, arriver à six heures du soir; faire bon voyage, manger en route, parler de l'année dernière, des cours et des professeurs préférés; choisir les cours le lendemain de votre arrivée; parler des copains de l'année dernière et des projets pour la nouvelle année scolaire

Nom... Section............ Date.................

1

Première Leçon: Knock

Vocabulaire: *première lecture*

I. *Choisissez parmi les mots donnés le contraire du mot en italique.*

occupé	possible	mauvais
intelligent	charité	joie
chère		

1. Que vous êtes *bête*! ....

2. Georges m'a dit qu'il serait *disponible* ce soir. ....

3. C'est un *brave* garçon. ....

4. Ce soir, l'entrée sera *gratuite*. ....

5. Elle parlait lentement et avec *amertume*. ....

II. *Choisissez parmi les mots donnés les synonymes des mots ou des expressions en italique.*

faisait partir	et puis	beaucoup
irez mieux	employer	c'est-à-dire
de l'argent	libre	affirmait
donnait la recommandation	n'a pas répondu	donc
expliquait ses idées	très	des billets

1. Les Dubois viendront demain, *c'est à savoir* à six heures. ....

2. Elle avait l'habitude de *se servir de* mon auto. ....

3. Serez-vous *disponible* ce soir? ....

4. Demain, je crois que vous *serez sur pied*. ....

19

5. Le professeur nous *renvoyait* sans commentaire. ....

6. Tu as *quelques sous* ce soir, n'est-ce pas? ....

7. Il *s'exprimait* avec difficulté. ....

8. Paul a dit que vous étiez *bien* content de la revoir. ....

9. Elle *jurait* qu'elle n'avait rien fait de mauvais. ....

10. Il nous *conseillait* de ne pas le faire. ....

11. *D'ailleurs*, il ne comprendra pas. ....

III. *Composez une phrase avec chacune des expressions suivantes.*

1. renvoyer le paquet demain ....
....

2. ordonner des remèdes de quatre sous ....
....

3. conseiller de faire autre chose ....
....

4. être sur pied rapidement ....
....

5. ne manquer jamais de dire « docteur » ....
....

6. il paraît que ....
....

7. aller demain à la mairie ....
....

Grammaire

Le partitif

IV. *En employant l'article partitif convenable, composez des phrases à la forme impérative.*

MODÈLE: donner/thé/.
Donnez-moi du thé.

Nom .... Section .... Date ....

1. apporter/haricots verts/. ....
   ....

2. apporter/soupe à l'oignon/. ....
   ....

3. donner/un peu/potage/. ....
   ....

4. apporter/belles cerises/. ....
   ....

5. donner/eau minérale/. ....
   ....

6. donner/quelques sous/. ....
   ....

7. apporter/encore/eau/. ....
   ....

8. donner/assez/argent/. ....
   ....

9. servir/un verre/bière/. ....
   ....

10. apporter/plusieurs journaux/. ....
    ....

11. acheter/jolis tableaux/. ....
    ....

12. donner/fromage/. ....
    ....

V. Récrivez les phrases suivantes en y ajoutant les adjectifs entre parenthèses. Faites d'autres changements si c'est nécessaire.

1. Nous avons des pommes. (belles) ....
   ....

21

2. Voilà des pommes. (magnifiques) ....

3. Elles sert des dîners. (bons) ....

4. Ils ont des enfants. (braves). ....

VI. *Récrivez les phrases suivantes au négatif.*

1. Il lui a donné des tartes. (ne... pas) ....

2. Nous avons de l'argent. (ne... jamais) ....

3. Il boit de la bière. (ne... jamais) ....

4. Georges aime les haricots verts. (ne... pas) ....

5. Elle a acheté du fromage. (ne... pas) ....

VII. *Écrivez en français.*

1. I like green beans. ....

2. I would like some green beans. ....

3. She prefers onion soup. ....

4. The waiter is bringing onion soup. ....

Nom .... Section .... Date ....

Y et en

VIII. *En utilisant les mots entre parenthèses, répondez aux questions suivantes. Employez* y, en *et les pronoms compléments d'objet indirect.*

1. Es-tu allé au bal? (Non) ....

2. A-t-elle apporté des fleurs? (Oui) ....

3. Allez-vous au cinéma ce soir? (Non) ....

4. Il a renvoyé quelques clients, n'est-ce pas? (Oui) ....

5. Combien de frères avez-vous? (deux) ....

6. Avez-vous parlé de votre voyage? (Non, nous...) ....

7. A-t-elle répondu au professeur? (Non) ....

8. A-t-elle répondu aux questions? (Oui) ....

9. Tu as une automobile, n'est-ce pas? (Oui) ....

10. Jacqueline a plusieurs amis, n'est-ce pas? (Oui) ....

11. Tu as conseillé aux autres de venir, n'est-ce pas? (Oui) ....

12. Elle se sert de ton auto, n'est-ce pas? (Oui) ....

Pronoms relatifs

IX. *Combinez les deux phrases de chaque paire selon le modèle donné.*

MODÈLE: J'ai mangé le gâteau. *Le gâteau* était sur la table.
J'ai mangé le gâteau qui était sur la table.

1. Connais-tu l'homme? Marie *le* connaît. ....

2. C'est cette coutume. *Cette coutume* est si ridicule. ....

3. Voilà le garçon. J'ai partagé mes sandwichs avec *lui*. ....

4. As-tu le poème? On a parlé *de ce poème* hier. ....

5. Voilà la banque. Madeleine travaille dans *cette banque*. ....

6. Voilà le bifteck. Marie a acheté *ce bifteck*. ....

7. C'est mon oncle. *Il* est conteur de légendes arabes. ....

X. *Répondez aux questions suivantes, en commençant par l'expression* Je ne sais pas.

1. Qu'est-ce qu'ils veulent? ....

2. Qu'est-ce que c'est que la négritude? ....

3. Qu'est-ce qui s'est passé hier? ....

4. Que fait Pauline? ....

Nom .... Section .... Date ....

5. Qu'est-ce qui fait ce bruit? ....

Les verbes irréguliers *voir* et *croire*

XI. *Composez des phrases en utilisant les mots donnés.*

MODÈLE: Je/voir/mairie/. (au présent)
Je vois la mairie.

1. Nous/voir/Tante Alice/toutes les semaines/. (à l'imparfait) ....

2. Je/croire/que/grand-mère/être/déjà/sur pied/. (au présent) ....

3. Dans ce cas-là/je/croire/nouvelle/. (au conditionnel passé) ....

4. Voir/vous/film/? (au passé composé) ....

5. Ils/voir/déjà/film/. (au plus-que-parfait) ....

6. Nous/ne/le/croire/. (au présent) ....

7. Dans ce cas-là/ils/ne/te/croire/. (au conditionnel) ....

8. Voir/tu/Marc/? (au présent) ....

9. Vous/voir/parents/demain/. (au futur) ....

10. D'ailleurs/il/ne/vous/croire/. (au futur) ....

25

XII. Écrivez en français.

1. I see him every day. ....
....

2. I saw him yesterday. ....
....

3. I'll see him tomorrow. ....
....

4. In that case, I'd see him tonight. ....
....

5. In that case, I would have seen him yesterday. ....
....

6. I used to see him every week. ....
....

7. I had already seen him. ....
....

Vocabulaire: *deuxième lecture*

XIII. Choisissez parmi les mots donnés les synonymes des mots en italique.

parfois	douzaine	indiqué
plus	pensé	néanmoins
beaucoup	sorte	maître d'école
sûrement		

1. C'est un *instituteur* formidable! ....

2. Il s'exprime *des fois* avec amertume. ....

3. Avez-vous bien *réfléchi* aux conséquences? ....

4. *Effectivement*, c'est Jean-Paul qui me l'a conseillé. ....

5. On dit que c'est une bonne *espèce* de fruits. ....

6. Il vous en dira *davantage* demain. ....

XIV. Écrivez les noms (nouns) qui correspondent aux mots suivants.

1. réfléchir...............................

Nom.. Section............. Date.................

    2. bon............................

    3. soigner............................

    4. finir............................

XV. Composez une phrase avec chacune des expressions suivantes.

    1. avoir la bonté de..

    2. arriver fin août..

    3. être temps de se soigner ....

    4. prendre dix gouttes de ce médicament..

    5. voir un beau coucher de soleil ....

    6. partir plus tôt que vous..

    7. conseiller aux autres de venir à sept heures plutôt qu'à huit heures ....

Composition

XVI. Sur une autre feuille de papier, écrivez une composition sur le sujet: Être ou ne pas être malade. *Commencez votre composition avec la phrase:* Au lycée, j'avais un ami qui se croyait toujours malade. *Complétez votre paragraphe en employant les expressions suivantes. (Ne vous limitez pas nécessairement à ces expressions.)*

avoir l'air fatigué; être pâle; travailler trop; avoir besoin de repos; avoir l'air préoccupé; avoir de la fièvre, avoir mal à la tête, à la gorge, etc.; se sentir malade; être vraiment malade; envoyer chercher le médecin; être presque mort; devoir rester longtemps à l'hôpital; se guérir enfin d'une longue maladie

Révision

Review the three preliminary lessons and then do the following exercises which are based on them. Write the exercises and then check your answers against those given in the back of this workbook. If you have difficulty doing these exercises, review the three preliminary lessons again and then write the exercises again.

XVII. *Composez des phrases en utilisant les mots donnés.*

1. Vous/perdre/vos billets/! (au futur) ....
   ....

2. Je/rentrer/tous les soirs/avant/cinq heures/. (à l'imparfait) ....
   ....

3. Dans ce cas-là/je/arriver/avant/cinq heures/. (au conditionnel) ....
   ....

4. Elles/finir/cinq/heures/. (au présent) ....
   ....

5. Vous/finir/tous les soirs/avant/dix heures/. (à l'imparfait) ....
   ....

6. Partir/tu/aujourd'hui/? (au présent) ....
   ....

7. Je/attendre/Marc/depuis/une heure/. (au présent) ....
   ....

8. Nous/servir/le dîner/sept heures précises/. (au futur) ....
   ....

9. Marc/être/malade/hier/. (au passé composé) ....
   ....

10. Dan ce cas-là/ils/ne/vendre/leur voiture/. (au conditionnel passé) ....
    ....

11. Demain/cinq heures/vous/arriver/déjà/. (au futur antérieur) ....
    ....

XVIII. *Écrivez en français.*

1. She's leaving. ....
   ....

28

Nom .... Section .... Date ....

2. She leaves every day at eight o'clock. ....

....

3. She used to leave every day at eight o'clock. ....

....

4. She'll leave tomorrow at eight o'clock. ....

....

5. She left yesterday at eight o'clock. ....

....

6. She had already left. ....

....

7. In that case, she would leave. ....

....

8. In that case, she would have left. ....

....

XIX. *Complétez les phrases suivantes avec la forme convenable du verbe indiqué.*

1. Ils ne (aller) .... pas à Paris. (au présent)

2. Je ne (pouvoir) .... pas .... étudier. (au passé composé)

3. Nous ne (venir) .... certainement pas. (au futur)

4. Tu n'(avoir) .... pas le temps de venir. (au futur)

5. Vous (apprendre) .... déjà .... la leçon. (au plus-que-parfait)

6. Ils (prendre) .... leur déjeuner ensemble. (au présent)

7. Bien sûr, tu (pouvoir) .... le faire! (au conditionnel)

8. Vous (faire) .... très bien, Jacques. (au présent)

9. Je ne (savoir) .... jamais tous les verbes! (au futur)

10. Nous (vouloir) .... un appartement en ville. (à l'imparfait)

11. Nous (aller) .... en ville. (au passé composé)

12. Hélène (venir) .... déjà .... (au plus-que-parfait)

13. Jean-Marc (faire) .... le devoir. (au conditionnel passé)

14. Dans ce cas-là, Hélène (aller) .... à Londres aussi. (au conditionnel)

15. Nous ne (vouloir) .... pas vous déranger. (au conditionnel)

XX. *Écrivez les participes passés des verbes suivants et indiquez si le verbe prend* avoir *ou* être *comme verbe auxiliaire.*

	Participe passé	Avoir ou Être
1. boire	....	....
2. ouvrir	....	....
3. mourir	....	....
4. écrire	....	....
5. conduire	....	....
6. sortir	....	....

XXI. *En utilisant les mots donnés, complétez les phrases suivantes.*

où	à cause de	parce que
ou	à la fin de	avant
en haut	devant	non plus
pour	chez	

1. Jean-Claude est dans sa chambre....................

2. Nous ne sommes pas venus.................... il neigeait.

3. Nous partirons ce soir.................... demain.

4. Je ne sais pas.................... tu as mis ma cravate.

5. Je ne viendrai pas et Marc....................

6. Sa voiture est là-bas.................... l'hôtel.

7. .... vous, il fait très bon en automne.

8. .... bien faire, il faut étudier beaucoup.

XXII. *Écrivez des questions selon le modèle donné. Remplacez le mot ou l'expression en italique par un pronom ou un autre mot interrogatif.*

MODÈLE: *Grand-mère* apportera la salade.
Qui apportera la salade?

Nom .... Section .... Date ....

1. Je ferai le travail avec *Jean-Claude.* ....
....

2. Je vais acheter *la bicyclette bleue.* ....
....

3. C'est *son indifférence* qui me trouble. ....
....

4. *Simone* a refusé la soupe. ....
....

5. Maman partira *demain.* ....
....

6. Nous ne sommes pas venus *parce qu'il neigeait.* ....
....

7. *Les trams* font tant de bruit. ....
....

8. Le train arrivera *à dix-sept heures trente-quatre.* ....
....

31

Nom.. Section............. Date................

2

Deuxième Leçon: Knock (suite)

Vocabulaire: *première lecture*

I. Complétez les phrases suivantes avec le mot ou l'expression convenable.

l'infirmière   la foire   partout
tenue   se débrouiller   soin
la règle   pressentiment   se rendre compte

1. Il étudie bien; il saura .... , je crois.

2. Les habitants de tous les villages voisins sont venus à ....

3. On a cherché .... ton cahier.

4. Ce malade souffre terriblement! Appelez vite ....

5. Ils ont refusé de prendre .... de cet homme.

6. Quand il sortait le soir, il n'était jamais en .... militaire.

7. .... est absurde; je ne vais pas la suivre.

8. Je ne sais pas pourquoi; c'est à cause d'un .... que j'ai eu que je savais ce qui se passait.

II. Choisissez parmi les mots suivants les synonymes des mots en italique.

également   navré   chef
soin   essayer   réserver

1. Je suis sûr qu'elle va *tâcher* de nous téléphoner ce soir. ....

2. Marc a dit que le *patron* était très fâché ce matin. ....

33

3. Je ne peux pas *garder* ces places pour vous. ....

4. —Passez un bon week-end, Madame.

   —*De même,* Monsieur. ....

5. Je suis très *ennuyé,* monsieur, mais je n'ai plus de rosbif aujourd'hui.

   ....

III. *Composez une phrase avec chacune des expressions suivantes.*

1. se douter de ....
   ....

2. prendre soin de ....
   ....

3. être en tenue ....
   ....

4. se rendre compte de ....
   ....

5. faire de même ....
   ....

6. avoir un pressentiment ....
   ....

Grammaire

Le présent du subjonctif (verbes réguliers)

IV. *Dans les phrases suivantes, substituez les mots donnés.*

1. Il vaut mieux que *tu* te serves de mon auto.

   ils ....

   vous ....

   nous ....

   je ....

   François ....

Nom .... Section............. Date ....

2. Je ne crois pas que *Jacques* se rende compte du problème.

nous ....

Monique ....

vous ....

les autres ....

tu ....

V. Transformez les phrases suivantes, selon le modèle donné.

MODÈLE: Nous parlons français. (Il faut que)
Il faut que nous parlions français.

1. Elle gardera une chambre pour nous. (Je ne crois pas que) ....

   ....

2. Vous tâcherez de mieux faire. (J'espère que) ....

   ....

3. Vous tâcherez de mieux faire. (Il faut que) ....

   ....

4. Je me débrouille bien. (Elle est heureuse que) ....

   ....

5. Tu te sers de son auto. (Croit-il que) ....

   ....

6. Nous leur conseillons de venir. (Il doute que) ....

   ....

7. Je m'exprime clairement. (Elle voudrait que) ....

   ....

8. Vous vous soignez bien. (Je ne crois pas que) ....

   ....

9. Ils finiront dans une heure. (Je crois que) ....

   ....

35

10. J'attendrai ici. (Il vaut mieux que) ....

11. Nous partirons demain. (Il est possible que) ....

12. Henri y réfléchira davantage. (Il faut que) ....

13. Tu vendras ta voiture. (Je ne crois pas que) ....

14. Ils vous le diront. (Je sais que) ....

15. Nous suivons les règles. (Le patron est content que) ....

16. Tu rentreras de bonne heure. (Je doute que) ....

Le présent et le passé du subjonctif (verbes irréguliers)

VI. *Complétez les phrases suivantes avec la forme convenable du présent du subjonctif ou du présent de l'indicatif du verbe donné.*

1. Je doute que mes amis (pouvoir) .... venir.

2. Je crois que vous (avoir) .... raison.

3. Croyez-vous que le patron (venir) ....?

4. Il faut que vous (être) .... à New York dans deux heures.

5. Il est possible que j'(aller) .... à Boston avec les autres.

6. Je sais que mes parents (être) .... très ennuyés de leur visite.

7. Nous sommes heureux que vous (apprendre) .... une langue étrangère.

8. J'espère que tu (comprendre) .... ta leçon.

9. Bien que tu (savoir) .... tous les verbes, il faut encore étudier un peu.

10. Il est fâché parce que vous (être) .... en retard.

Nom .... Section............. Date ....

11. Je répète la phrase pour que tu (pouvoir) .... comprendre.

12. Elle souhaite que tu (voir) .... le coucher du soleil.

13. Vous voudriez que je (faire) .... de même, n'est-ce pas?

14. Je ne crois pas que Solange (être) .... disponible ce soir.

15. Il faut que vous (prendre) .... six gouttes de ce médicament.

16. Il faut que vous (avoir) .... du courage.

VII. *Dans les phrases suivantes, remplacez le présent du subjonctif par le passé du subjonctif.*

1. Je doute que mes amis viennent. ....
....

2. Croyez-vous qu'elles comprennent? ....
....

3. Elle est heureuse que vous ne soyez pas malade. ....
....

4. Je ne pense pas que tu finisses à l'heure. ....
....

5. Il a peur que nous arrivions en retard. ....
....

6. Nous regrettons que vous n'alliez pas au bal. ....
....

7. Le professeur est content que j'apprenne les leçons. ....
....

8. Crois-tu que Jacques apporte ses disques? ....
....

VIII. *Composez une phrase avec chacune des expressions suivantes.*

1. Je crois que..
....

2. Je ne crois pas que ....
....

3. J'espère que ....

....

4. Je voudrais que ....

....

5. Il vaut mieux que ....

....

6. Je regrette que ....

....

Les verbes irréguliers *connaître (reconnaître, paraître, disparaître, apparaître)* et *naître (renaître)*

IX. Composez des phrases en utilisant les mots donnés.

MODÈLE : Je/connaître/Jean/. (au présent)
Je connais Jean.

1. Elle/naître/déjà/. (au plus-que-parfait) ....

....

2. Ils/reconnaître/leur tante/. (au présent) ....

....

3. Ils/ne/reconnaître/leur tante/. (au passé composé) ....

....

4. Dans ce cas-là/livre/paraître/l'année prochaine/. (au conditionnel) ....

....

5. Certainement/je/reconnaître/ami/. (au futur) ....

....

6. Connaître/vous/Mme Dubois/? (au présent)..

....

7. Où/parents/naître/? (au passé composé) ....

....

8. Nous/connaître/très bien/gens-là/. (à l'imparfait) ....

....

Nom .... Section............ Date...............

9. Dans ce cas-là/enfant/naître/plus tôt/. (au conditionnel passé) ....

....

Vocabulaire: *deuxième lecture*

X. Choisissez parmi les mots suivants les synonymes des mots en italique.

cherches	portefeuille	en bonne santé
difficulté	irrites	total
complètement		

1. J'espère que ton oncle est *bien portant*. ....

2. Avec tes bêtises tu *m'agaces* vraiment. ....

3. Enfin il a pu calculer le *relevé* de nos dépenses. ....

4. Je n'aime pas que tu *fouilles* dans mes affaires. ....

5. Je pourrais sans *peine* te communiquer mes expériences dans cette affaire.

   ....

6. Je voudrais que ceci soit *tout à fait* clair. ....

XI. Choisissez parmi les mots donnés pour compléter les phrases suivantes.

se déranger	campagne	portefeuille
faire la queue	s'essuyer	ignorer
clients	milliers	

1. On dit que des .... de personnes viennent voir ces monuments chaque semaine.

2. Nous nous sommes promenés loin de la ville en pleine ....

3. Pour venir de si loin, il devra .... terriblement.

4. Pour acheter son pain, maman a dû .... pendant un quart d'heure.

5. Je crois que le patron va .... tout à fait cette affaire.

6. J'ai les relevés que vous désirez ici dans mon ....

7. Avant de manger, l'enfant doit se laver et .... les mains.

XII. Composez une phrase avec chacune des expressions suivantes.

1. s'essuyer les mains ....

....

2. aller à la campagne ....

....

3. faire la queue ....

....

4. fouiller dans sa valise pour trouver ....

....

5. ignorer tout à fait ....

....

6. faire le relevé de ....

....

Composition

XIII. Revoir la causerie à la page 75. En suivant ces questions, écrivez un résumé du passage sur une autre feuille de papier.

Révision

Review the three preliminary lessons and Lesson One. Do the following exercises which are based on this material and then check your answers against those given in the back of the workbook. If you have difficulty in doing these exercises, review the three preliminary lessons and Lesson One and then write the exercise again.

XIV. Composez des phrases en utilisant les mots donnés.

1. Marc/perdre/déjà/argent/. (au plus-que-parfait) ....

....

2. Croire/vous/nouvelle/? (au présent) ....

....

3. Vous/venir/semaine prochaine/. (au conditionnel) ....

....

4. Nous/prendre/soin/enfant/. (au présent) ....

....

5. Je/voir/les autres/demain/. (au futur) ....

....

Nom .... Section .... Date ....

6. Ils/ne/voir/cathédrale/. (au présent) ....
....

7. Tu/ne/croire/histoire/. (au passé composé) ....
....

8. Nous/avoir/assez/argent/. (au conditionnel passé) ....
....

9. Elles/finir/maintenant/. (au présent) ....
....

10. Je/partir/ce soir/. (au présent) ....
....

11. Tu/rentrer/toujours/tard/. (à l'imparfait) ....
....

12. Elles/partir/avant/nous/. (au passé composé) ....
....

13. Je/vouloir/y aller/. (au conditionnel passé) ....
....

14. Voir/vous/film-là/? (au passé composé) ....
....

15. Il/être/roi de France/seizième siècle/. (au passé composé) ....
....

XV. *Employez la forme convenable du partitif.*

1. Je vais te donner un peu .... potage.

2. Avez-vous .... salade?

3. Ils n'ont plus .... soupe.

4. Nous voudrions .... pommes frites, s'il vous plaît.

5. Je voudrais .... sucre, s'il vous plaît.

6. Je vais te montrer .... très belles photos.

41

7. Apportez-nous .... eau minérale, s'il vous plaît.

8. Avez-vous assez .... argent?

XVI. *En employant les mots donnés, répondez aux questions suivantes. Si possible, employez* y *et* en.

1. Tu as des amis? (Oui,... plusieurs) ....
   ....

2. Hélène va à Londres, n'est-ce pas? (Oui) ....
   ....

3. Marc va apporter quelques disques, n'est-ce pas? (Oui) ....
   ....

4. Combien d'autos ont-ils? (trois) ....
   ....

5. Voulez-vous de la bière? (Non, je déteste...) ....
   ....

6. As-tu de l'argent? (Oui... assez) ....
   ....

7. Avez-vous vu quelques belles statues? (Oui, nous) ....
   ....

8. Veux-tu des haricots verts? (Non, je préfère... carottes) ....
   ....

XVII. *Complétez les phrases suivantes avec la forme convenable de* quel.

1. .... films vas-tu voir?

2. .... est ton numéro de téléphone?

3. .... heure est-il?

XVIII. *En utilisant les mots donnés, complétez les phrases suivantes.*

réfléchisses	ensemble	autant
loin de	te soigner	bête
chez	enfin	disponible
gouttes	sous	davantage

1. Tu es vraiment malade. Il est temps de ....

Nom .... Section .... Date ....

2. —Tu n'es pas .... ce soir?

   —Non. Je dois travailler.

3. Que tu es .... ! Tu n'aurais pas dû faire cela!

4. Les camarades vont se retrouver .... Marie à huit heures.

5. Prenez dix .... de ce médicament trois fois par jour.

6. J'ai .... d'argent que toi.

7. La Nouvelle-Orléans est .... New York.

8. Il vaudrait mieux que tu .... à ce que tu fais.

9. .... elle a pu finir.

10. Si nous faisons le travail .... , nous pourrons finir à temps.

XIX. *Complétez les phrases suivantes avec le pronom interrogatif ou relatif convenable.*

1. .... le surréalisme?

2. Vous ne savez pas .... le structuralisme?

3. J'ai vu Jacqueline au bal hier soir. .... as-tu vu?

4. C'est une jeune fille .... je connais depuis longtemps.

5. .... vous lisez?

6. C'est le journal d'hier .... je lis.

7. Anne ne comprend pas .... elle lit.

8. .... s'est passé hier?

9. Roger ne sait pas .... s'est passé.

10. .... a écrit cette composition?

11. Connaissez-vous l'étudiant .... a écrit cette composition?

12. Je pense à l'examen .... j'aurai demain. A

    .... penses-tu?

13. C'est un beau garçon avec .... Madeleine sort ce soir.

14. Voilà le petit garçon .... le père est mort récemment.

15. Voilà la table sur .... j'ai mis les disques.

43

Nom .... Section............ Date ....

3

Troisième Leçon: L'Enfant noir

Vocabulaire: *première lecture*

I. *Complétez les phrases suivantes avec le mot ou l'expression convenable.*

esclave   au moins   a poursuivi
a aperçu   orphelin   éperdument
a sangloté   a arraché

1. C'est ce petit garçon qui .... les mauvaises herbes dan votre jardin.

2. Je t'ai dit .... dix fois de ne pas faire cela.

3. Au loin, il .... sons fils qui rentrait de l'école.

4. Elle pleurait ....

5. Je vous jure que je ne serai l' .... de personne.

6. Plus tard M. Martin .... ses études à la Sorbonne.

7. Cette nouvelle l'a rendue très malheureuse. Elle .... sans s'arrêter pendant une demi-heure.

II. *Choisissez parmi les mots donnés les synonymes des mots en italique.*

a pris   me consolait   pressait
a commencé   a soulevé   est parti
s'occupait de

1. Quand elle me racontait des histoires, elle me *serrait* dans ses bras.

....

45

2. Je crois qu'on *a enlevé* tous vos effets personnels. ....

3. Tout à coup et sans raison, elle *s'est mise* à crier. ....

4. L'heure du départ était arrivée; Marc *s'est éloigné* en souriant.

   ....

5. C'était sa grand-mère qui *veillait sur* lui durant les absences de ses parents.

   ....

III. *Composez une phrase avec chacune des expressions suivantes.*

1. être orphelin(e) à cinq ans ....

   ....

2. apercevoir sa tête se soulever ....

   ....

3. sangloter éperdument ....

   ....

4. lui dire au moins quatre fois de ne pas le faire ....

   ....

5. se mettre à pleurer ....

   ....

Grammaire

Les adjectifs et les pronoms possessifs

IV. *Complétez les phrases suivantes, selon le modèle donné.*

MODÈLE : J'ai mes gants et vous...
J'ai mes gants et vous avez les vôtres.

1. Je me sers de mon auto et Paul ....

   ....

2. Tu as ton portefeuille et j' ....

   ....

3. J'attends mes parents et ils ....

   ....

Nom .... Section .... Date ....

4. Marc a veillé sur ses frères et tu ....

5. Je me rends compte de mes problèmes et vous ....

6. Suzanne est allée voir ses tantes et je ....

7. Ils ont rendu visite à leur grands-parents et nous ....

8. Nous avons fait notre relevé et M. Poirier ....

9. J'ignorais ma maladie et vous ....

10. Georges préfère sa voiture et je ....

11. J'ai fini mon projet et tu ....

12. Paul a fini son devoir et les autres ....

13. Hélène aime ses institutrices et Marie ....

14. Tu as gardé ton secret et nous ....

15. Je préfère ma tenue et tu ....

V. *Écrivez en français.*

1. his brother; his sister; her sister; her brother; her brothers; his brothers ....

47

2. my parents; their parents; our parents; ours; theirs; mine ....

....

....

L'emploi de à, en, au, aux, dans avec les noms de lieu

VI. *Répondez aux questions suivantes en utilisant les mots entre parenthèses.*

1. Où demeurent vos parents? (Suisse) ....

....

2. Où vont-ils passer leurs vacances? (Mexique) ....

....

3. Où sont-ils allés? (Philadelphie) ....

....

4. Où voyagent-ils? (Amérique du Sud) ....

....

5. Où es-tu allé? (Cannes) ....

....

6. Où avez-vous passé les vacances de Noël? (Espagne) ....

....

7. Où demeuraient-ils en ce temps-là? (Londres) ....

....

8. Où a-t-il fait ses études? (États-Unis) ....

....

9. Où passerez-vous vos vacances? (Japon) ....

....

Le passé simple

VII. *Sur une autre feuille de papier, récrivez la narration suivante telle que l'écrirait un historien, c'est-à-dire au passé simple.*

Voltaire est né à Paris en 1694. Il a étudié dans un collège des Jésuites où il a fait d'excellentes études. Ses dons littéraires et critiques se sont éveillés de bonne heure. Pendant sa longue vie il a écrit des pièces de théâtre, des essais, des contes philosophiques et des vers. Quand il était encore

Nom .... Section .... Date ....

jeune on l'a emprisonné à la Bastille. Plus tard, il a dû quitter la France pour se réfugier en Angleterre. En 1758, Voltaire s'est installé à Ferney, près de Genève. De là, il a influencé le monde entier avec ses écrits contre l'injustice et l'intolérance. En 1778, à 84 ans, Voltaire est revenu à Paris, où il a été reçu en triomphe. De telles acclamations l'ont bouleversé, et il en est mort quelques jours plus tard.

Les verbes irréguliers *devoir, recevoir (apercevoir) et boire*

VIII. *Composez des phrases en utilisant les mots donnés.*

MODÈLE: Je/boire/lait. (au présent)
Je bois du lait.

1. Au loin/elle/apercevoir/enfants/. (au passé composé) ....
....

2. Ils/boire/thé/. (au présent) ....
....

3. Nous/devoir/être/disponibles/ce soir-là/. (à l'imparfait) ....
....

4. Vous/devoir/réfléchir/conséquences/. (au présent) ....
....

5. Mme Frangel/recevoir/souvent/le samedi soir/. (au présent) ....
....

6. Tu/me/devoir/cinq francs/. (au présent) ....
....

7. Nous/boire/eau minérale/. (au présent) ....
....

8. Je/recevoir/bonnes notes/ce semestre/. (au futur) ....
....

9. Ils/ne pas boire/café/. (au passé composé) ....
....

10. Il/devoir/renvoyer/clients-là/. (au conditionnel passé) ....
....

11. Je/ne jamais boire/cela/! (au conditionnel passé) ....
....

12. Vous/recevoir/déjà/mon télégramme/. (au plus-que-parfait) ....
....

IX. *Écrivez en français.*

1. He must take care of (*veiller sur*) the children. ....
....

2. You must take care of the children. ....
....

3. You should take care of the children. ....
....

4. You were supposed to take care of the children. ....
....

5. You should have taken care of the children. ....
....

6. She had to take care of the children. ....
....

7. She must have taken care of the children. ....
....

8. She owes me five dollars. ....
....

Vocabulaire: *deuxième lecture*

X. *Complétez les phrases suivantes avec le mot ou l'expression convenable.*

loisirs	reculer	manque
deviner	taille	rivage
tige	déchirer	grandir
presqu'île		

1. Mange bien, mon petit, et tu vas ....

2. Faisons une promenade le long du .... de la mer.

3. Tu ne peux pas .... son nom? Voyons! C'est une personne que tu connais bien.

50

Nom .... Section .... Date ....

    4. La petite fille tenait la fleur par la ....

    5. Je n'ai jamais assez de .... pour faire mes lectures préférées.

    6. Il faut faire attention, mon petit; sinon, tu vas .... les pages de ce joli livre.

    7. C'est une femme de petite ...., belle et intelligente.

    8. Cette fois-ci, je ne vais pas .... devant ses reproches.

    9. L'Espagne et le Portugal forment une grande .... au sud-ouest de l'Europe.

XI. *Choisissez parmi les mots donnés les synonymes des mots en italique.*

autour	malgré	briller
absence	recevoir	jour suivant
déchirer	au moins	

    1. *En dépit de* leur bonté envers moi, j'étais quand même triste.

    ....

    2. De notre balcon, on voyait *luire* la lune sur le lac. ....

    3. Nous devions arriver le *lendemain*. ....

    4. On a fait une promenade *à l'entour* des ramparts du château.

    ....

    5. C'était, je crois, leur *manque* absolu de charité qui m'a chagriné le plus.

    ....

    6. Vous allez voir; ces gens-là vont nous *accueillir* très chaleureusement.

    ....

XII. *Composez une phrase avec chacune des expressions suivantes.*

    1. dormir dans un lit moelleux ....

    ....

    2. devoir partir le lendemain ....

    ....

    3. accueillir chaleureusement ses invités ....

    ....

4. se promener le long du rivage..

....

5. regretter son manque de politesse..

....

Composition

XIII. *Écrivez, sur une autre feuille de papier, une description de votre arrivée à l'université.*

Révision

Review Lessons One and Two; then do the following exercises which are based on these lessons. Check your answers against those given in the back of the workbook. If you have difficulty doing these exercises, review Lessons One and Two again and then rewrite the exercises.

XIV. *En employant les mots donnés, répondez aux questions suivantes. Si possible, employez* y *et* en.

1. Il a de l'argent, n'est-ce pas? (Oui,... assez)..

....

2. Avez-vous encore du jambon? (Je regrette, monsieur. Nous... plus... jambon) ......

....

3. Avez-vous réfléchi à ma proposition? (Oui)..

....

4. Combien de sœurs as-tu? (deux) ....

....

5. Voudriez-vous de la salade? (Non,... un peu... soupe) ....

....

6. Voudriez-vous de la viande? (Oui,... rosbif)..

....

7. Voulez-vous du café? (Non, merci, J'aime mieux... lait)................................

....

8. Georges a beaucoup d'amis, n'est-ce pas? (Oui, il... plusieurs).......................

....

Nom .... Section .... Date ....

9. Hélène a quelques belles robes, n'est-ce pas? (Oui) ....

10. As-tu des disques? (Oui,... bons disques) ....

XV. *En employant les mots donnés, répondez aux questions suivantes.*

1. Qu'est-ce que c'est qu'un monomanique? (Je ne sais pas...) ....

2. Qu'est-ce qui motive votre père? (Je ne sais pas...) ....

3. Qu'est-ce qui'ils on écrit? (Je ne sais pas...) ....

4. Pour qui as-tu acheté ce cadeau? (Tu ne connais pas le garçon...) ....

5. Qui as-tu vu au bal? (Tu ne connais pas les gens...) ....

6. Qui a acheté cette voiture? (C'est un homme riche...) ....

7. Qu'est-ce qui a fâché Marc? (C'est la stupidité de Guy...) ....

8. De quelle pièce a-t-il parlé? (C'est une pièce de Molière...) ....

XVI. *Composez des phrases en utilisant les mots donnés.*

1. Te/reconnaître/ils/? (au présent) ....

2. Ils/ne pas voir/ce qui/se passer/. (au présent) ....

3. Tu/connaître/très bien/ce garçon/. (à l'imparfait) ....

4. voir/vous/déjà/film/? (au passé composé) ....

5. À cette époque-là/ton père/naître/déjà/. (au plus-que-parfait) ....

6. Ils/ne pas croire/mon histoire/. (au présent) ....

7. Si nécessaire/je/voir/patron/demain/. (au conditionnel) ....

8. Je/vous/ne pas reconnaître/. (au conditionnel passé) ....

9. Mes deux sœurs/naître/janvier/. (au passé composé) ....

10. Nous/revoir/parents/ce soir/. (au futur) ....

11. Vous/ne pas croire/cela/. (au conditionnel passé) ....

12. Ses mémoires/paraître/dans quelques mois/. (au futur) ....

XVII. *Complétez les phrases suivantes avec la forme convenable du présent du subjonctif ou du présent de l'indicatif.*

1. Il désire que vous (rentrer) .... avant minuit.

2. Je crois qu'ils (étudier) ....

3. Elle est contente que je (prendre) .... soin de ma sœur.

4. Il ne croit pas que tu (réfléchir) .... aux conséquences.

5. Vous doutez que nous (savoir) .... nos leçons.

6. Ils espèrent que vous (garder) .... une chambre pour nous.

7. Il faut que Jean-Claude (apprendre) .... les verbes.

8. Je sais que Marc (être) .... ennuyé de son travail.

9. Il est possible que nous (aller) .... à la foire.

Nom .... Section .... Date ....

10. Il vaudrait mieux que tu (finir) .... ce soir.

11. Pour que vous (pouvoir) .... finir à l'heure, il faudra commencer tout de suite.

12. On a dû remettre le match parce qu'il (faire) .... mauvais.

XVIII. *Répondez aux questions suivantes.*

1. Marc a-t-il fini? (Je doute qu'il...) ....
....

2. Jeannette est partie, n'est-ce pas? (Non, je ne crois pas qu'elle...) ....
....
....

3. Vos parents sont déjà arrivés, n'est-ce pas? (Oui. Je suis sûr qu'ils...) ....
....

4. Le professeur croit que vous avez fait votre devoir. (Non, il doute que...) ....
....

5. Les autres sont rentrés avant moi, n'est-ce pas? (Je doute fort qu'ils...) ....
....

XIX. *En utilisant les mots donnés, complétez les phrases suivantes.*

campagne	fin	pressentiment
s'essuie	garde	tâche
gratuite	s'exprime	disponible
brave	espèce	bien

1. Elle .... trois places pour nous.

2. Il est .... évident que c'était lui.

3. Je me doutais de quelque chose. J'ai eu un .... que ceci arriverait.

4. Mes parents arriveront .... mai.

5. L'enfant se lave et .... les mains.

6. J'aime ses conférences. Il est intéressant et il .... clairement.

7. J'aime être loin du tumulte de la ville; je voudrais habiter à la
....

8. Quelle chance! L'entrée à la foire est ....

9. Il fait ce qu'il peut; c'est un .... garçon.

10. Henriette .... de terminer ce projet le plus tôt possible.

Nom .... Section............ Date ....

4

Quatrième Leçon: Le Silence de la mer

Vocabulaire: *première lecture*

I. Complétez les phrases suivantes avec le mot ou l'expression convenable.

tricoter	mêler	le sapin
moindre	traduire	insensible
l'escalier	puissant	la veille
la bûche		

1. Il m'a dit de ne pas me .... dans ses affaires.

2. Jean-Luc semble être tout à fait .... à mes demandes.

3. Nous avions décidé de nous revoir .... de son départ.

4. Ce roi fut .... et il s'imposa par sa force.

5. Grand-mère va .... une écharpe blanche pour toi.

6. .... dans le parc est couvert de neige ce matin.

7. Nous avions comme devoir de .... deux pages de Voltaire.

8. Pour être à temps, il a vite monté ....

9. Mettez .... sur le feu, Georges.

57

II. *Choisissez parmi les mots donnés les synonymes des mots en italique.*

| mouillée | il est possible | il importe |
| mélangée | contentement | forte |

1. Ce fut une déclaration *mêlée* d'angoisse et de colère. ....

2. *Il se peut* que grand-père soit sur pied plus vite qu'on ne le croyait.

   ....

3. Quand la patronne est sortie, il pleuvait; elle est rentrée complètement *trempée*.

   ....

4. Ce fut une monarchie *puissante* durant le XVIIe siècle. ....

5. Il prend un grand *plaisir* à nous raconter ses expériences en Afrique.

   ....

III. *Composez une phrase avec chacune des expressions suivantes.*

1. fermer la porte à clef ....

   ....

2. il se peut que ....

   ....

3. revenir trempés ....

   ....

4. avoir une volonté puissante ....

   ....

5. mettre des bûches épaisses sur le feu ....

   ....

6. se chauffer à notre feu ....

   ....

Grammaire

Les verbes réfléchis

IV. *En employant les mots entre parenthèses, transformez les phrases suivantes.*

MODÈLE: Il se réveille à midi. (Je)
         Je me réveille à midi.

Nom .... Section .... Date ....

1. Je ne me repose pas bien ici. (Nous) ....
   ....

2. Vous êtes-vous dépêché? (Tu) ....
   ....

3. Pourquoi ne s'est-elle pas soignée? (vous) ....
   ....

4. Elle ne s'est pas bien exprimée. (Ils) ....
   ....

5. Vous allez vous amuser. (Nous) ....
   ....

6. À quelle heure te lèves-tu? (vous) ....
   ....

7. Je vais m'essuyer les mains. (L'enfant) ....
   ....

8. Je me coucherai très tard. (Ils) ....
   ....

9. Je me suis habillé en bleu. (Elle) ....
   ....

10. Vous ne savez pas vous débrouiller. (Elles) ....
    ....

11. Je me chaufferai à votre feu. (Nous) ....
    ....

V. En employant les mots donnés, composez des phrases.

MODÈLE: Je/ne/s'amuser/ici/. (au présent)
Je ne m'amuse pas ici.

1. Nous/se tromper/beaucoup/. ....
   ....

2. s'ennuyer/vous/ici/? ....

3. L'hôtel/se trouver/en face/restaurant/. ....

4. Ils/ne/se débrouiller/bien/. ....

MODÈLE: Il/se/dépêcher/. (au plus-que-parfait)
Il s'était dépêché.

5. Nous/se brosser/déjà/dents/. ....

6. Tu/se déranger/beaucoup/. ....

7. Le bateau/s'éloigner/déjà. ....

8. Vous/se moquer/tout le monde/. ....

MODÈLE: Dans ce cas-là/il/se dépêcher/. (au conditionnel)
Dans ce cas-là, il se dépêcherait.

9. Dans ce cas-là/vous/se lever/de bonne heure/. ....

10. Dans ce cas-là/nous/se servir/auto-là. ....

11. Dans ce cas-là/je/s'ennuyer/ici/. ....

12. Dans ce cas-là/elles/ne/se fâcher/. ....

VI. *En employant la forme* vous, *dites à:*

1. Hélène de se dépêcher. ....

Nom .... Section............ Date ....

    2. Hélène de ne pas se dépêcher. ....

    3. Georges de s'amuser bien. ....

VII. *En employant la forme* tu, *dites à:*

    1. Suzette de s'habiller en bleu. ....

    2. Suzette de ne pas s'habiller en rouge. ....

    3. Robert de ne pas se tromper. ....

VIII. *Composez une phrase avec chacune des expressions suivantes.*

    1. s'appeler ....

    2. se retrouver à la bibliothèque ....

    3. se mettre à crier ....

    4. se moquer des autres étudiants ....

    5. se rendre compte de la complexité de l'affaire ....

Les verbes irréguliers *ouvrir (couvrir, découvrir, recouvrir, offrir, souffrir)* **et** *cueillir (accueillir, recueillir)*

    IX. *Composez des phrases en utilisant les mots donnés.*

        1. Christophe Colombe/découvrir/déjà/l'Amérique/. (au plus-que-parfait) ....

2. La neige/recouvrir/la terre/. (au présent) ....

3. Marc/ouvrir/ta lettre/. (au passé composé) ....

4. Dans ce cas-là/je/vous/offrir/vingt-cinq dollars/. (au conditionnel) ....

5. Ils/lui/offrir/cent dollars/. (au futur) ....

6. Les portes/s'ouvrir/neuf heures/. (au présent) ....

7. En ce temps-là/vous/souffrir/terriblement/. (à l'imparfait) ....

8. Nous/recueillir/les journaux/. (au conditionnel passé) ....

X. *Récrivez les phrases suivantes au passé composé, à l'imparfait, au plus-que-parfait, au futur, au conditionnel, et au conditionnel passé.*

1. Les portes s'ouvrent à midi.

2. Elle cueille des tulipes pour toi.

Nom.. Section............. Date................

....

....

Vocabulaire: *deuxième lecture*

XI. *Complétez les phrases suivantes avec le mot ou l'expression convenable.*

blesser s'est cogné tousse
front ramasser de nouveau
sourcils ressemble rougit
me pencher

1. Il a les .... blonds et minces.

2. Il est le portrait vivant de son père, c'est-à-dire il lui .... beaucoup.

3. Je reviendrai .... demain à la même heure.

4. Jeanne est très sensible; elle .... facilement.

5. Je vais .... tous les papiers, tous les livres et tous les disques et puis nous partirons.

6. Il n'a pas baissé la tête, et il .... la tête.

7. L'enfant était petit et j'ai dû .... pour lui parler.

8. Je vais peut-être vous ...., mais il faut que je vous dise la vérité.

9. —Il est malade?

   —Je crois que oui. Il a de la fièvre et il ....

XII. *Composez une phrase avec chacune des expressions suivantes.*

1. se cogner la tête ....

   ....

2. secouer le silence ....

   ....

3. une drôle de situation ....

   ....

4. un drôle de problème ....

....

5. tomber et puis se redresser aussitôt ....

....

Composition

XIII. Sur une autre feuille de papier, écrivez une composition sur les contrastes entre les espoirs du soldat allemand et la réalité.

Révision

Review Lessons Two and Three; then do the following exercises which are based on these lessons. Check your answers against those given in the back of the workbook. If you have difficulty doing these exercises, review Lessons Two and Three again and then rewrite the exercises.

XIV. Récrivez les phrases suivantes en utilisant les mots donnés.

1. Mes parents vont passer leurs vacances au Canada.

   Je... Londres ....

   Tu... Angleterre ....

   Nous... Mexique ....

   M. Leblanc... Afrique ....

   Vous... Saint-Tropez ....

   Mes amis... Brézil ....

   Je... Espagne ....

   Les Dubois... États-Unis ....

2. J'ai ma voiture et Jacques a la sienne.

   Tu... nous ....

   Vous... ils ....

   Georges... je ....

   Nous... vous ....

   Mes amis... tu ....

Nom .... Section .... Date ....

3. Hélène préfère ses cours et tu préfères les tiens.

   Je... il ....

   Nous... ils ....

   Vous... je ....

   Tu... nous ....

   Robert... tu ....

   Elles... vous ....

XV. En employant les mots donnés, répondez aux questions et aux phrases suivantes.

1. Nous finirons demain. (Non. Il faut que... ce soir) ....

   ....

2. Il croit que nous avons terminé, n'est-ce pas? (Non, il ne croit pas...) ....

   ....

3. Ils ne viendront pas. (C'est vrai. Je regrette qu'ils...) ....

   ....

   ....

4. Georges a dit qu'ils viendraient demain. (J'espère qu'ils... ce soir) ....

   ....

   ....

5. Est-ce que Marc sera disponible ce soir? (Non, je ne crois pas...) ....

   ....

   ....

6. Madeleine est venue, n'est-ce pas? (Non, je ne crois pas qu'elle...) ....

   ....

7. Je rentrerai demain. (Il vaudrait mieux que tu... aujourd'hui) ....

   ....

   ....

65

8. Je suis sûr qu'ils ont fini. (Je doute fort qu'ils...) ....

9. Nous avons gagné! (Oh, je suis content que vous...) ....

10. Paul dit qu'ils vont en ville. (Je ne crois pas qu'ils...) ....

XVI. *Composez des phrases en utilisant les mots donnés.*

1. Vous/boire/vin/avec/repas/. (au futur) ....

2. Vous/devoir/se soigner/. (au conditionnel) ....

3. Tu/naître/Chicago/. (au passé composé) ....

4. Ils/me/devoir/cinq francs/. (au présent) ....

5. En ce temps-là/elle/naître/déjà/. (au plus-que-parfait) ....

6. Je/recevoir/lettre/tous les jours/. (au présent) ....

7. Nous/ne/boire/assez/eau/. (au présent) ....

8. Ils/devoir/arriver/plus tôt/. (à l'imparfait) ....

9. Tu/ne/reconnaître/ton frère/. (au conditionnel passé) ....

10. Elle/ne/boire/lait/. (au passé composé) ....

11. Connaître/vous/patron/? (au présent) ....

Nom .... Section .... Date ....

12. livre-là/paraître/l'année prochaine/. (au futur) ....
....

XVII. *Mettez les verbes des phrases suivantes au passé simple.*

1. Elle est morte en septembre. ....
....

2. Les Anglais ont condamné Jeanne d'Arc à être brûlée. ....
....

3. Il a publié son livre l'année dernière. ....
....

4. François Ier a été roi de France au seizième siècle. ....
....

XVIII. *En utilisant les mots donnés, complétez les phrases suivantes.*

fouillent	soins	tige
règles	manque	en dépit de
accueillent	font la queue	tout à fait
sans peine	agacent	

1. Ce qui attristait surtout ses parents et ses amis, c'était son .... de savoir-vivre.

2. Vos sottises de plus en plus absurdes .... tout le monde.

3. Pour avoir des places, ils .... pendant des heures.

4. Je persiste à vouloir l'aider .... son indifférence.

5. Les archéologues .... dans la terre pour retrouver des pièces anciennes.

6. Jeannette, cueillez les fleurs par la ...., s'il vous plaît.

7. Marc pourra .... vous donner les relevés nécessaires.

8. Personne n'aime être régimenté, et pourtant il y a des .... qui sont nécessaires.

9. Mes amis aiment recevoir et ils .... leurs invités comme s'ils étaient de la famille.

67

Nom .... Section .... Date ....

5

Cinquième Leçon:
Le Silence de la mer (suite)

Vocabulaire: *première lecture*

I. *Complétez les phrases suivantes avec le mot ou l'expression convenable.*

foule	remué	tiré
méprisé	lâcheté	fil
aiguille	rayons	digne
fossettes		

1. Pour coudre, on se sert d'une .... et de ....

2. Mettez les livres là sur ces ....

3. Cet homme fait tout ce qu'on demande de lui; il est .... de votre confiance.

4. Une .... d'étudiants se trouvait devant la porte du professeur.

5. J'ai reconnu aussitôt l'insincérité de ce garçon et je l'ai ....

6. La volonté lui manque; c'est par .... qu'il a accepté ses termes.

7. J'ai .... la tête pour affirmer mon «oui».

II. *Lesquels des mots suivants s'appliquent au corps humain?*

1. la tête, la lâcheté, les doigts ....

2. le fil, le profil, les paupières ....

3. les dents, les rayons, l'aiguille ....

4. les pommettes, le visage, le regard ....

5. les sourcils, la foule, les fossettes ....

III. *Composez une phrase avec chacune des expressions suivantes.*

1. secouer la tête ....
....

2. être têtu comme la mule du pape ....
....

3. tirer vivement sur l'aiguille ....
....

4. vaincre son indifférence ....
....

5. dire «oui» en hochant la tête ....
....

6. songer aux lectures préférées ....
....

Grammaire

Les pronoms compléments d'objet direct et indirect

IV. *Dans les phrases suivantes, employez la préposition convenable où il est nécessaire.*

1. Georges attend .... les autres .... la gare, n'est-ce pas?

2. Ces enfants n'obéissent pas .... leurs parents.

3. Ils cherchent .... un appartement depuis quelques semaines.

4. J'ai demandé .... sa permission .... aller .... bal.

5. Avez-vous répondu .... questions?

Nom .... Section .... Date ....

6. Nous avons demandé .... Paulette .... venir.

7. Avez-vous regardé .... les peintures?

8. Cet appartement convient-il .... vos parents?

9. Vous ne ressemblez pas .... votre frère.

10. Ils ont conseillé .... autres .... ne pas venir.

V. *Écrivez des phrases en employant les mots donnés, selon les modèles.*

MODÈLE: ces gens
Le patron les méprise.

1. ces gens ....
2. cet homme ....
3. cette femme ....
4. ces filles ....

MODÈLE: l'étudiant
Le professeur le renvoie.

5. l'étudiant ....
6. l'étudiante ....
7. les étudiantes ....
8. les parents ....

MODÈLE: au garçon
Je lui ai conseillé de venir.

9. au garçon ....
10. à la fille ....
11. aux filles ....
12. à l'étudiant ....

MODÈLE: le film au garçon
Je vais le lui recommander.

13. le film au garçon ....

14. le film à la fille ....

15. la conférence aux filles ....

16. les conférences au professeur ....

17. les conférences aux professeurs ....

18. le bal aux autres ....

VI. *En utilisant les mots entre parenthèses, répondez aux questions suivantes. Remplacez les noms compléments d'objet direct et indirect par les pronoms convenables.*

1. Qui a traduit les phrases? (C'est Jean...) ....
   ....

2. Qui a traduit le paragraphe? (C'est Marc...) ....
   ....

3. Qui a traduit ces poèmes? (C'est Anne...) ....
   ....

4. Qui t'a donné le portefeuille? (C'est le patron...) ....
   ....

5. Qui t'a donné ces médicaments? (C'est l'infirmière...) ....
   ....

6. Qui t'a donné cette photo? (C'est ma mère...) ....
   ....

7. Qui nous a donné cette photo? (C'est Jacques...) ....
   ....

8. Qui nous a donné ces journaux? (C'est Jean...) ....
   ....

9. Qui m'a apporté ces disques? (C'est ta sœur...) ....
   ....

10. Qui m'a apporté ce veston? (C'est Paul...) ....
    ....

11. Qui a vendu cette bicyclette à Henriette? (C'est Georges...) ......
    ....

72

Nom .... Section .... Date ....

12. Qui a vendu ces jupes à Marie? (C'est Monique...) ....
    ....

13. Elle ressemble à son père, n'est-ce pas? (Non, ...) ....
    ....

14. Le patron t'a renvoyé ses clients, n'est-ce pas? (Non, ...) ....
    ....

15. Il les a renvoyés à Anne, n'est-ce pas? (Non, ...) ....
    ....

Les verbes irréguliers *lire (élire, relire)* et *dire (contredire, redire)*

VII. *En utilisant les mots donnés, transformez la phrase suivante.*

Madeleine a dit qu'*elle* relirait tous les documents.

Nous ....

Vous ....

Ils ....

Georges ....

Tu ....

Je ....

VIII. *Composez des phrases en utilisant les mots donnés.*

1. En ce temps-là / vous / lire / beaucoup /. (à l'imparfait) ....
   ....

2. Georges / dire / que / il / ne pas venir / aujourd'hui /. (au présent) ....
   ....

3. Elles / lire / déjà / leçon /. (au plus-que-parfait) ....
   ....

4. Dans ce cas-là / le peuple / ne pas élire / candidat-là /. (au conditionnel passé) ....
   ....

5. Vous/me/contredire/tout le temps/. (au présent) ....

6. Quelquefois/je/lire/jusqu'à/lever du soleil/. (à l'imparfait) ....

7. Il/me/dire/de/ne pas te le dire/. (au passé composé) ....

8. Demain/nous/élire/nouveau président/. (au futur) ....

IX. *Écrivez en français.*

1. I read a lot. ....
2. I'm reading. ....
3. I was reading when you came in (Employez *entrer*.) ....
4. I had already read the whole novel. ....
5. I read the whole novel last night. ....
6. I'll read it tonight. ....
7. In that case, I'd read it right now. ....
8. In that case, I would have read it last night. ....

Vocabulaire: *deuxième lecture*

X. *Complétez les phrases suivantes avec le mot ou l'expression convenable.*

blé	sable	balayer
sueur	guérir	droit
au fond de	afin de	sol
accrocher		

1. Vous avez ici un .... riche et fertile.

Nom .... Section .... Date ....

2. Nous nous sommes assis tout .... la salle.

3. Au bord de la mer, on peut se promener dans du .... blanc et fin.

4. La cathédrale de Chartres est entourée de vastes champs de ....

5. Pour aider maman, nous devrions .... la poussière dans la cuisine.

6. Chaque enfant a le .... d'être aimé et protégé par ses parents.

7. Il faisait chaud et j'avais tout le corps en ....

8. Je suis sûr que le médecin va .... l'enfant.

XI. *Choisissez parmi les mots donnés les synonymes des mots en italique.*

suspendre	vous fâchez	vous moquez
certainement	stupidement	partir
se perdre	balayer	

1. S'ils prennent cette route-là, ils vont *s'égarer*. ....

2. Il faudra *se mettre en route* tout de suite. ....

3. Quelle bêtise! Vous *riez* de moi! ....

4. Où allez-vous *accrocher* votre nouvelle peinture? ....

5. C'est une grave erreur! Vous allez *sottement* décider sur une mesure de la plus haute importance. ....

6. Vous *vous mettez en colère* trop facilement. ....

XII. *Composez une phrase avec chacune des expressions suivantes.*

1. être éclairé par ....
   ....

2. se promener dans le sable ....
   ....

3. se mettre en colère ....
   ....

4. s'égarer dans la forêt ....
   ....

5. se mettre en route demain ....

....

Composition

XIII. Revoir la causerie à la page 143. En suivant ces questions, écrivez un résumé du passage sur une autre feuille de papier.

Révision

Review Lessons Three and Four; then do the following exercises based on those lessons. Check your answers against those given in the back of the workbook. If you have difficulty doing these exercises, review Lessons Three and Four and then rewrite the exercises.

XIV. En employant les mots donnés, écrivez des phrases complètes. Utilisez les adjectifs et les pronoms convenables selon le modèle.

MODÈLE: Je/livres/tu
J'ai mes livres et tu as les tiens.

1. Je/crayons/tu ....

2. Nous/valise/vous ....

3. Ils/valises/je ....

4. Tu/fil/Solange ....

5. Jeannette/billets/tu ....

6. Jean-Marc/auto/ils ....

7. Vous/droits/nous ....

8. Elles/places/vous ....

XV. Employez la préposition convenable dans les phrases suivantes.

1. Quand vous étiez .... Europe, nous étions

   .... l'Afrique du Nord.

2. Mes parents demeurent toujours .... Boston.

3. Ils ont voyagé .... Brézil, ...

   Mexique et .... États-Unis.

4. Ma sœur est née .... Espagne.

Nom .... Section .... Date ....

5. Nous passerons nos vacances .... Suisse et

.... Allemagne.

XVI. *Composez des phrases en utilisant les mots donnés.*

1. Elle/se cogner/la tête/. (au passé composé) ....

2. Nous/cueillir/violettes/pour notre mère/. (au présent) ....

3. Les enfants/s'égarer/forêt/. (au passé composé) ....

4. Nous/aller/se mettre en route/tout de suite/. (Mettez le verbe *aller* au présent.) .....

5. Elle/souffrir/beaucoup/en ce temps-là/. (à l'imparfait) ....

6. Mes parents/vous/accueillir/avec joie/. (au conditionnel) ....

7. Ces/deux filles-là/se ressembler/beaucoup/. (au présent) ....

8. Nous/ne/se réveiller/à l'heure/. (au passé composé) ....

9. Je/devoir/voir/Marc/tout de suite/. (au présent) ....

10. Elles/devoir/me le dire/. (au conditionnel passé) ....

11. se reposer/bien/mon ami/. (Mettez à l'impératif. Employez la forme *tu*.) ....

12. Ne/se tromper/. (Mettez à l'impératif. Employez la forme *vous*.) ....

13. Boire/ce médicament/. (Mettez à l'impératif. Employez la forme *vous*.) ....
....

14. Je/vouloir/se chauffer/à votre feu/. (Mettez le verbe *vouloir* au conditionnel.).......
....

15. Nous/ouvrir/déjà/toutes les portes/. (au plus-que-parfait)..............................
....

16. Tu/recevoir/ton cadeau/demain/. (au futur)..
....

17. Ils/lui/offrir/cent dollars/. (au présent)..
....

18. recevoir/vous/votre/paquet/? (au passé composé) ....
....

XVII. *Écrivez en français.*

1. You (*Vous*) must lock the door. ....
....

2. You must have locked the door. ....
....

3. You were supposed to lock the door. ....
....

4. You should lock the door. ....

5. You should have locked the door. ....
....

6. You owe me five dollars. ....

XVIII. *En utilisant les mots donnés, complétez les phrases suivantes.*

de nouveau	enlever	au moins
moelleux	loisir	sapin
arracher	moindre	mêler
reculer	veiller sur	drôle de

1. J'ai donné tous mes livres à Jacques. Il va venir les .... ce soir.

2. Le .... problème l'agace terriblement.

Nom .... Section .... Date ....

3. Plantez ce .... ici près de la maison.

4. Je voudrais une chambre à deux lits, et des lits .... , s'il vous plaît.

5. Il me le répétera .... demain, j'en suis sûr.

6. Je ne vais pas me .... dans leurs affaires.

7. Attention, mon enfant. Tu vas .... les pages de ce joli livre.

8. Vous pourriez .... rester quelques minutes.

9. C'est Anne qui va .... les enfants ce soir.

10. Quelle .... fille!

Nom.. Section............. Date................

6

Sixième Leçon: L'Étranger

Vocabulaire: *première lecture*

I. Complétez les phrases suivantes avec le mot ou l'expression convenable.

partagé	trajet	soutien
vieillard	assoupi	essence
décédé	congé	ennuyé
concierge		

1. Son oncle est .... l'année dernière.

2. Elle était seule, sans ressource; vous étiez son seul ....

3. Qu'est-ce que vous allez faire durant le .... de Noël?

4. Il n'y avait aucun de mes amis au bal; je me suis .... terriblement.

5. J'ai .... mon déjeuner avec les autres.

6. Ce .... est si âgé qu'il ne peut plus marcher.

7. Donnez-moi vingt litres d'............................., s'il vous plaît.

8. J'avais travaillé toute la nuit et en classe ce matin, je me suis

   .... un peu.

9. Nous cherchons un bon .... pour notre appartement.

81

II. *Choisissez parmi les mots donnés les synonymes des mots ou des expressions en italique.*

tout bien considéré	congé	ne paraissait pas
support	en résumé	morte
voyage	tout à fait	ne signifiait rien

1. Le *trajet* entre Nice et Paris est long. ....

2. Enfin il a décidé que ça *ne voulait rien dire*. ....

3. Leur tante était *décédée* avant leur arrivée. ....

4. *Tout compte fait*, il n'y avait rien d'autre à faire. ....

5. J'ai dû rester à la maison parce que j'étais le seul *soutien* de maman. ....

6. *En somme*, je n'ai pas eu le temps de finir. C'est tout. ....

III. *Composez une phrase avec chacune des expressions suivantes.*

1. avoir l'air triste ....

2. serrer la main à tout le monde ....

3. retirer ma main ....

4. prendre un congé de deux semaines ....

5. être fatigué et s'assoupir ....

6. faire un long trajet ....

Grammaire

Le futur avec *quand, lorsque, dès que* et *aussitôt que*; les propositions conditionnelles

IV. *En employant les mots donnés, composez des phrases selon les modèles.*

MODÈLE: Quand/Marc/venir/nous/partir.
Quand Marc viendra, nous partirons.

Nom .... Section .... Date ....

1. Quand/les autres/venir/nous/se mettre en route/. ....
   ....

2. Quand/je/avoir/le temps/je/se soigner/. ....
   ....

3. Dès que/vous/arriver/nous/commencer/. ....
   ....

4. Aussitôt que/Monique/te/revoir/elle/rougir/. ....
   ....

5. Quand/elle/avoir/le temps/elle/tricoter/pull/. ....
   ....

MODÈLE: Si/vous/ne/se dépêcher/nous/être en retard/.
Si vous ne vous dépêchez pas, nous serons en retard.

6. Si/elle/rester/ici/elle/s'ennuyer/. ....
   ....

7. Si/je/avoir/le temps/je/balayer/la poussière/cuisine/. ....
   ....

8. Si/tu/lui/dire/cela/il/se mettre en colère/. ....
   ....

9. Si/tu/lui/dire/cela/il/rire de toi/. ....
   ....

10. Si/vous/ne/baisser/la tête/vous/se cogner/le front/. ....
    ....

MODÈLE: Si/je/avoir/le temps/je/aller/la/voir/.
Si j'avais le temps, j'irais la voir.

11. Si/vous/se soigner/vous/être/déjà/sur/pied/. ....
    ....

12. Si/M. Noé/faire attention/il/s'exprimer/mieux/. ....
    ....

83

13. Si/tu/sortir/sous/pluie/tu/être/trempé/. ....

14. Si/je/le lui/demander/patron/me/donner/deux jours/congé/. ....

15. Si/Marc/vouloir/il/pouvoir/être/disponible/ce soir/. ....

MODÈLE: Si/je/avoir/le temps/je/aller/la/voir/.
Si j'avais eu le temps, je serais allé la voir.

16. Si/vous/rester/ici/vous/s'ennuyer/. ....

17. Si/l'autobus/ne/arriver/je/faire/le trajet/à pied/. ....

18. Si/maman/ne/rester/à l'asile/elle/pleurer/. ....

19. Si/ils/être/fatigués/ils/dormir/durant/tout le trajet/. ....

20. Si/il/faire/si chaud/je/s'assoupir/certainement/aussi. ....

V. *Complétez les phrases suivantes en employant les formes convenables des verbes donnés entre parenthèses.*

1. Si Georges va à Paris, il (visiter) .... le Louvre.

2. Nous (dîner) .... au restaurant, si nous avions assez d'argent.

3. Si je (ne pas être) .... malade, j'irais à la conférence ce soir.

4. Si Paul n'était pas retourné à temps, nous (ne pas pouvoir) .... finir notre projet.

5. S'il avait eu le temps, il (rendre visite) .... à mon oncle et à ma tante.

6. Quand je (voir) .... Marie, je le lui dirai.

7. Si je (voir) .... Marie, je le lui dirai.

8. Si je (voir) .... Marie, je le lui aurais dit.

Nom .... Section .... Date ....

9. Quand ils (venir) .... , nous commencerons le programme.

10. S'il fait beau, nous (faire) .... le chemin à pied.

Le présent et l'imparfait avec *depuis*, *depuis quand* et d'autres expressions de temps

VI. En employant les mots donnés, composez des phrases selon les modèles.

MODÈLE: Nous/être/ici/depuis/hier/. (au présent)
Nous sommes ici depuis hier.

1. L'enfant/tousser/depuis/ce matin/. ....

2. Ça fait/déjà/deux semaines/que/elle/être sur pied/. ....

3. Depuis combien de temps/étudier/ils/? ....

4. Sa mère/pleurer/depuis/son départ/. ....

5. Depuis quand/être/vous/malade/? ....

6. Voilà/un mois/que/ils/suivre/traitement-là/. ....

7. Nous/songer/ce problème/depuis/longtemps/. ....

8. Depuis quand/faire/vous/la queue/? ....

MODÈLE: Nous/être/Londres/depuis/un mois/. (à l'imparfait)
Nous étions à Londres depuis un mois.

9. Nous/réfléchir/problème-là/depuis/des mois/. ....

85

10. Ça faisait/des semaines/que/mon père/être/malade/. ....

11. Il y avait/une heure/que/elle/attendre/. ....

12. Depuis combien de temps/tricoter/elle/? ....

13. Il y avait/longtemps/que/elle/être/déjà/sur pied/. ....

14. Depuis quand/étudier/vous/? ....

VII. *Écrivez en français.*

1. She has been studying for a long time. (Employez *depuis*.) ....

2. I have been waiting for a long time. (Employez *il y a... que*.) ....

3. I waited for a long time. ....

4. I had been waiting for a long time. (Employez *depuis*.) ....

5. She had been studying for a long time. (Employez *il y avait... que*.) ....

Les verbes irréguliers *courir (parcourir)* **et** *rire (sourire)*

VIII. *Composez des phrases en utilisant les mots donnés.*

1. Dans ce cas-là/vous/ne pas rire/. (au conditionnel) ....

2. Dans ce cas-là/vous/ne pas rire/. (au conditionnel passé) ....

Nom .... Section .... Date ....

   3. Pourquoi/ne pas courir/vous/hier/? (au passé composé) ....

   4. Elle/rire/de bon cœur/. (à l'imparfait) ....

   5. Ils/courir/risque/échouer/. (au présent) ....

   6. Tu/courir/bien vite/en ce temps-là. (à l'imparfait) ....

   7. Tu/courir/très loin/si nécessaire/. (au conditionnel) ....

   8. Nous/rire/jusqu'aux larmes/. (au plus-que-parfait) ....

IX. *Récrivez les phrases suivantes au passé composé, à l'imparfait, au plus-que-parfait, au futur, au conditionnel et au conditionnel passé.*

   1. Je cours le risque de tout perdre.

   2. Vous riez jusqu'aux larmes.

....

....

Vocabulaire: *deuxième lecture*

X. *Terminez les phrases suivantes avec le mot qui complète la définition.*

1. Un homme qui ne croit pas en Dieu est un ....

2. Parler beaucoup de choses insignifiantes c'est ....

3. Le coloris du visage s'appelle le ....

4. L'action de mettre le corps d'une personne morte en terre s'appelle l'............................

5. Être embarrassé ou intimidé c'est être ....

6. Être surpris c'est être ....

XI. *Complétez les phrases suivantes avec le mot ou l'expression convenable.*

enfoncé	gêné	teint
meublé	vis	cour
enterrement	foulard	

1. Pour réparer cette chaise il faudrait mettre une .... ici.

2. Il faisait froid et elle avait mis un gros ....

3. Je lui ai dit de mettre sa voiture dans la ....

4. Elle a les yeux bleus et un .... pâle.

5. Vos bêtises m'ont ....

6. Ils demeurent dans un appartement qui est .... d'une manière élégante.

XII. *Composez une phrase avec chacune des expressions suivantes.*

1. se diriger vers la porte ....

....

2. enfoncer des vis dans la chaise ....

....

3. habiter une région plate et monotone ....

....

Nom .... Section............. Date ....

4. bavarder par petits groupes ....

....

5. porter un beau foulard rouge ....

....

6. chercher un appartement meublé ....

....

Composition

XIII. Décrivez Meursault.

Révision

Review Lessons Four and Five and then do the following exercises based on these lessons. Check your answers against those in the back of the workbook. If you have difficulty doing these exercises, review Lessons Four and Five again and then rewrite the exercises.

XIV. Récrivez les phrases suivantes en remplaçant les noms par les pronoms convenables.

1. Georges apporte les disques, n'est-ce pas? ....

....

2. Oui, il apporte quelques disques. ....

....

3. Il m'a appporté les disques. ....

....

4. Il vous a apporté le télégramme. ....

....

5. Il apporte la soupe à sa mère. ....

....

6. Il apporte de la soupe aux autres. ....

....

7. Il va te donner l'autre chemise. ....

....

8. Il n'a pas recommandé le film aux autres. ....

9. Ils vont nous montrer les peintures. ....

10. Ils vont nous montrer quatre tableaux magnifiques. ....

XV. *En utilisant les mots donnés, composez des phrases.*

1. Qui/ouvrir/ma lettre/? (au passé composé) ....

2. Vous/se tromper/un peu/mon ami/. (au passé composé) ....

3. Je/se débrouiller/assez bien/en mathématiques/. (au présent) ....

4. Je/dire/la vérité/. (au plus-que-parfait) ....

5. Elles/se brosser/les dents/. (au passé composé) ....

6. Lire/tu/roman-là/? (au passé composé) ....

7. Tu/devoir/se dépêcher/. (Mettez *devoir* au conditionnel passé.) ....

8. Nous/souffrir/trop/en ce temps-là/. (à l'imparfait) ....

9. Marc/aller/se réveiller/trop tôt/. (Mettez *aller* au présent.) ....

10. Ils/cueillir/des fraises/demain/. (au futur) ....

11. Nous/se fâcher/. (au futur) ....
....

12. Nous/ne/se fâcher/. (au passé composé) ....
....

13. Elle/nous/contredire/toujours/. (au présent) ....
....

14. Ne/se reposer/. (Mettez à l'impératif; employez la forme *tu*.) ....
....

15. Dans ce cas-là/il/offrir/davantage/. (au conditionnel passé) ....
....

16. Si nécessaire/ils/relire/tous les papiers officiels/. (au conditionnel) ......
....

XVI. *En utilisant les mots donnés, complétez les phrases suivantes.*

méprisé   chauffé   pommettes
vaincu   fossettes   volonté
colère   au bout de   redressé
par-dessus

1. Son regard passa .... nos visages pour se fixer sur les coins obscurs de la pièce.

2. Avant de partir, il s'est .... un peu à notre feu.

3. Il est tombé, puis il s'est .... tout de suite.

4. Quand je me suis rendu compte de leur lâcheté, j'ai .... ces gens-là.

5. Elle ne le fera pas; elle a une .... très faible.

6. C'était une épreuve très dure, mais nous avons enfin .... tous les obstacles.

7. Quand elle sourit, on voit apparaître deux longues ....

Nom.. Section............ Date................

7

Septième Leçon : L'Étranger (suite)

Vocabulaire: *première lecture*

I. Terminez les phrases suivantes avec le mot ou l'expression qui complète la définition.

1. Le contraire du mot «gros» est ....

2. Le verbe «se rendre» veut dire ....

3. L'expression qui veut dire «à peu près dix» est ....

4. La demeure d'un oiseau s'appelle un ....

5. Un autre mot pour estomac est ....

II. Complétez les phrases suivantes avec le mot ou l'expression convenable.

ombre	rang	tablier
coutume	habits	rendu
renseigné	rides	éclat

1. Mettez ce .... pour faire ce travail.

2. Asseyons-nous au premier ....

3. Asseyons-nous à l'............................. des arbres là-bas.

4. On a la .... ici dans ce village de se coucher très tôt.

5. J'ai acheté de très beaux .... en ville aujourd'hui.

93

6. C'était Jean-Claude qui m'a .... sur cette affaire.

7. Elle devient vieille et on peut voir dans son visage le commencement de quelques ....

III. *Composez une phrase avec chacune des expressions suivantes.*

1. se rendre à la bibliothèque ....
   ....

2. être aveuglé par l'éclat de la lumière ....
   ....

3. avoir peine à croire à leur existence ....
   ....

4. Il s'agit de ....
   ....

5. serrer le cordon du tablier autour de la taille ....
   ....

6. être lié avec ....
   ....

Grammaire

Il est, c'est un (une), ce sont des

IV. *Récrivez les phrases suivantes selon les modèles donnés.*

MODÈLE : Il est étranger.
          C'est un étranger.

1. Il est concierge. ....
   ....

2. Elle est concierge. ....
   ....

3. Elle est italienne. ....
   ....

94

Nom .... Section .... Date ....

4. Il est médecin. ....

....

5. Elle est institutrice. ....

....

MODÈLE: C'est une Russe.
Elle est russe.

6. C'est une orpheline. ....

....

7. C'est un athée. ....

....

8. C'est une infirmière. ....

....

9. C'est un instituteur. ....

....

10. C'est un Espagnol. ....

....

V. Mettez les phrases suivantes au pluriel.

1. C'est un Algérien. ....

2. Elle est italienne. ....

3. Il est étranger. ....

4. C'était une étrangère. ....

VI. Mettez les phrases suivantes au singulier.

1. C'étaient de bons étudiants. ....

2. Ils sont professeurs. ....

3. Ce sont des professeurs extraordinaires. ....

....

4. Elles sont athées. ....

Les pronoms toniques et les pronoms compléments d'objet direct et indirect avec l'impératif

VII. *Dans les phrases suivantes, remplacez tous les noms par des pronoms.*

1. Paul est allé à la foire avec Hélène. ....

2. Georgette et Pauline vont voir les tableaux. ....

3. Mes parents sont chez les Martin. ....

4. Le concierge a gardé une chambre pour ma tante. ....

5. Il a gardé la chambre pour Marc. ....

6. Il a gardé plusieurs chambres pour les autres. ....

7. Marc est moins étonné que Suzette. ....

8. Le professeur va nous expliquer la leçon. ....

9. Il va nous raconter quelques histoires. ....

10. Expliquez-nous ces concepts. ....

11. Expliquez ces concepts aux autres. ....

12. Ne me dites pas son secret. ....

VIII. *Mettez les phrases suivantes à la forme affirmative.*

1. Ne me le donnez pas. ....

Nom .... Section .... Date ....

   2. Ne le leur apporte pas. ....

   3. Ne nous les donnez pas. ....

   4. Ne m'en apportez pas. ....

   5. Ne nous les donne pas. ....

IX. *Mettez les phrases suivantes à la forme négative.*

   1. Étudiez-la. ....

   2. Montrez-les-nous. ....

   3. Apportez-leur-en. ....

   4. Donnez-m'en cinq. ....

   5. Apporte-la-moi. ....

Les verbes *s'asseoir* **et** *craindre* (*plaindre, se plaindre, éteindre, peindre, atteindre*)

X. *Répondez aux questions suivantes.*

   1. Où sont-ils assis? (au troisième rang) ....

   ....

   2. Tu t'es assise en face de Georges, n'est-ce pas, Monique? (Non,... Paul) ....

   ....

   3. Qui se plaint de ma cuisine? (Georges et Jean-Paul) ....

   ....

   4. Tu vas éteindre les lampes? (Oui. *Mettez au futur.*) ....

   ....

   5. Quand peindrez-vous cette pièce? (Nous... la semaine prochaine) ....

   ....

   ....

   6. On dit qu'ils ont peur de Jacques. (C'est vrai. Employez le verbe *craindre*.) ....

   ....

7. Marc a atteint son objectif, n'est-ce pas? (Non) ....

8. Où vous asseyez-vous, Jean? (D'ordinaire... au fond de la salle) ....

XI. *Composez des phrases en utilisant les mots donnés.*

1. Je/craindre/éventualité-là/depuis/longtemps/. (à l'imparfait) ....

2. Tu/s'asseoir/avec Hélène/n'est-ce pas/? (au présent) ....

3. Elle/se plaindre/auprès de/le professeur/. (au passé composé) ....

4. Elle/craindre/lui en/parler/. (au présent) ....

5. Hélène/être assis/avec/Jean/. (au futur) ....

6. Hélène/s'asseoir/derrière/les autres/. (au futur) ....

7. Nous/s'asseoir/toujours/premier rang/. (au présent) ....

8. Je/plaindre/homme-là/. (au présent) ....

9. Vous/atteindre/objectif/n'est-ce pas/? (au futur) ....

10. Dans ce cas-là/vous/atteindre/objectif/n'est-ce pas/? (au conditionnel) ....

Nom .... Section .... Date ....

11. Ils/s'asseoir/en face de/les professeurs/. (au passé composé) ....

....

12. Ils/être assis/en face de/les professeurs/. (au présent) ....

....

....

XII. *Récrivez les phrases suivantes au passé composé, à l'imparfait, au plus-que-parfait, au futur, au conditionnel et au conditionnel passé.*

1. Je plains cette femme.

....
....
....
....
....
....

2. Elle se plaint auprès du patron.

....
....
....
....
....
....

XIII. *Écrivez en français.*

1. You pity him, don't you? ....

2. You always complain. ....

3. You'll complain tomorrow. ....

4. You used to pity your uncle, didn't you? ....

Vocabulaire: *deuxième lecture*

XIV. *Terminez les phrases suivantes avec le mot qui complète la définition.*

1. La partie d'une ville située hors du centre s'appelle le ....

2. Une pluie accompagnée de vent, de tonnerre, et d'éclairs s'appelle un

   ....

3. Une personne qui tient boutique est un ....

4. Ce qui est d'un usage facile est ....

5. Les environs d'une grande ville s'appelle la ....

6. Un pantalon court est une ....

7. Ce qui ne contient rien est ....

8. Une homme qui fait son service militaire en travaillant sur un bateau est un

   ....

XV. *Complétez les phrases suivantes avec le mot ou l'expression convenable.*

glace	regarde	hurlaient
nœud	bondés	soie
plaisanteries	traînaient	donne sur
traînés		

1. Je trouve vos .... de mauvais goût.

2. En rentrant, tout le monde était fatigué et les parents .... leurs enfants.

3. Le palais .... un jardin magnifique.

4. Cette fille aime se regarder dans la ....

5. Mets un .... rouge dans les cheveux, Suzanne. Ce sera joli.

6. Mon oncle a offert à ma tante une très belle blouse de .... blanche.

7. Pour manifester leur soutien des joueurs, les spectateurs .... à chaque instant.

8. Entre Strasbourg et Metz tous les hôtels étaient ....

XVI. *Composez une phrase avec chacune des expressions suivantes.*

1. ramener les spectateurs du match ....

   ....

Nom .... Section .... Date ....

    2. s'appuyer des mains sur les genoux ....

....

    3. donner sur ....

....

    4. hurler à pleins poumons ....

....

    5. porter une belle robe rougeâtre ....

....

Composition

XVII. Relisez la deuxième lecture de la septième leçon et ensuite, sur une autre feuille de papier, écrivez un paragraphe pour décrire le dimanche de Meursault.

Révision

Review Lessons Five and Six and then do the following exercises which are based on them. Check your answers against those given in the back of the workbook. If you have difficulty doing these exercises, review Lessons Five and Six again and then rewrite the exercises.

XVIII. Répondez aux questions suivantes. Employez dans vos réponses les pronoms compléments d'objet direct et indirect, y et en, selon le cas.

    1. Croyez-vous son histoire? (J'ai peine...) ....

....

    2. Combien de chambres ont-ils gardé pour le groupe? (quatre) ....

....

    3. Je t'ai donné ces peintures-là, n'est-ce pas? (Oui) ....

....

    4. Le garçon nous a déjà apporté de la salade, n'est-ce pas? (Oui) ....

....

....

5. Il nous a déjà apporté le dessert, n'est-ce pas? (Non) ....
....

6. Qui a conseillé cette lecture à Marc? (Le professeur) ....
....

7. Qui a conseillé ces films aux autres? (Solange) ....
....

8. Depuis combien de temps habitez-vous la banlieue? (Nous... quatre ans) ....
....

9. Tu réfléchis à sa proposition depuis longtemps, n'est-ce pas? (Oui, il y a des mois) ....
....

10. Qui t'a dit de venir? (C'est Anne...) ....
....

XIX. *Composez des phrases en utilisant les mots donnés.*

1. Nous/lire/déjà/pièces-là/. (au plus-que-parfait) ....
....

2. Si vous venez à cette heure-là/les trams/être bondés/. ....
....

3. Si vous aviez vu le film/vous/rire/jusqu'aux larmes/. ....
....

4. Lorsque/je/avoir/le temps/je lirai ce roman/. ....
....

5. Si/le médecin/me le/conseiller/je me serais mieux soigné/. ....
....

6. Tu/lire/beaucoup/en ce-temps-là/. (à l'imparfait) ....
....

7. Dès que/vous/me/contredire/une seule fois/je m'en irai/. ....
....

Nom .... Section .... Date ....

8. Si vous allez voir ce film/vous/rire/beaucoup/. ....

9. Si/vous/se renseigner/vous auriez pu faire une meilleure recommandation/. ....

10. Quand il viendra/il/te le/dire/. ....

11. Ne/dire/mon secret/à Georges/. (Mettez à l'impératif; employez la forme *vous*. Changez les noms aux pronoms convenables.) ....

12. Je prendrais cet appartement/si/il/ne pas donner/sur/rue/. ....

13. Je/courir/mieux/si/je n'avais pas été fatigué/. ....

14. Nous/courir/pharmacie/prendre/médicament-là/. (au futur) ....

XX. *Écrivez en français.*

1. When he comes, I'll tell him (it). ....

2. If he comes, I'll tell him. ....

3. If he came, I'd tell him. ....

4. If he were to come, I'd tell him. ....

5. If he would come, I'd tell him. ....

6. If he had come, I would have told him. ....

....

7. If he would have come, I would have told him. ....

....

8. As soon as he comes, I'll tell him. ....

....

9. How long has he been reading? ....

....

10. He has been reading for an hour. ....

....

11. He had been reading for an hour when you came. ....

....

XXI. *En utilisant les mots donnés, complétez les phrases suivantes.*

fil	avait l'air	aiguille
trajet	bavardait	congé
remuait	vis	éclairait

1. En parlant, ma tante .... lentement la tête.

2. Une lampe grotesque .... la pièce.

3. Un clou ne tiendrait pas; mettez plutôt une ....

4. Pour terminer ta robe, j'aurai besoin de .... noir et d'une ....

5. Ta mère .... triste ce matin.

6. En classe, elle .... tout le temps avec les autres filles.

7. Les autres viennent en train; nous allons faire le .... en voiture.

Nom .... Section............ Date ....

8

Huitième Leçon: La Symphonie pastorale

Vocabulaire: *première lecture*

I. Trouvez le mot convenable pour compléter les définitions suivantes.

1. Des personnes qui professent et pratiquent une religion régulièrement sont des

   ....

2. Un arbre qui portes des pommes est un ....

3. Si on met le feu à quelque chose, on l' ....

4. Celui qui est de la famille par sang ou par alliance est un ....

5. L' .... est un métal précieux de couleur jaune.

II. Complétez les phrases suivantes avec le mot ou l'expression convenable.

couper   se ressembler   confier
rejoindre   être de retour   patiner
se rassembler

1. Le patron va leur .... un travail difficile et important.

2. La route qu'ils ont à faire est très longue; ils vont .... après minuit, je crois.

105

3. Va .... quelques bûches pour le feu, Marc.

4. En été il fait de la pêche; en hiver il aime ....

5. Je ne peux pas vous .... ce soir; j'ai un rendez-vous ailleurs.

6. Ils vont .... dans la grande salle à dix heures précises.

III. *Composez une phrase avec chacune des expressions suivantes.*

1. rester un quart d'heure dans une pièce obscure ....

2. faire un beau rêve ....

3. avoir des cheveux dorés et les yeux bleus ....

4. habiter une commune rurale ....

5. être de retour de bonne heure ....

6. se rassembler dans l'église ....

7. voir sortir de la cheminée une fumée noire ....

Grammaire

Les adjectifs et les pronoms démonstratifs

IV. *En employant les mots donnés, écrivez des phrases selon le modèle donné.*

MODÈLE: Je/foulard/Anne/.
Je prendrai ce foulard-ci et Anne prendra celui-là.

1. Tu/journaux/les autres/. ....

2. Marie/robe/Jeannette/. ....

Nom .... Section .... Date ....

3. Vous/portefeuille/je/. ....
....

4. Nous/photos/tu/. ....
....

5. Les enfants/salade/nous/. ....
....

V. *Répondez aux questions suivantes en employant les pronoms démonstratifs convenables.*

1. Les compositions de Georges sont bonnes, n'est-ce pas? (Oui... de Marc...

   meilleures.) ....
   ....

2. Tu as ta voiture, n'est-ce pas? (Non,... de Jean) ....
   ....

3. Tu préfères cet hôtel-ci? (Non, -là) ....
   ....

4. As-tu lu mes relevés? (Non,... du docteur Knock) ....
   ....

5. Ils aiment mieux les peintures là-bas, n'est-ce pas? (Non,... préfèrent -là) ....
   ....

6. Ont-ils acheté ce tableau-ci? (Non, -là) ....
   ....

Penser à et *penser de*

VI. *Répondez aux questions suivantes. Employez dans vos réponses y, en et les pronoms convenables, selon le cas.*

1. Je pense au film qu'on a vu hier, et toi? (... aussi) ....
   ....

107

2. Vous pensiez à vos problèmes, n'est-ce pas? (Oui, nous...) ....
....

3. Vous pensiez à vos parents, n'est-ce pas? (Oui, nous...) ....
....

4. Que pensez-vous de ce livre? (... bon) ....
....

5. Elle pense à son pays? (Oui...) ....
....

6. Quand penseras-tu à tes examens? (... demain) ....
....

VII. *Écrivez en français.*

1. What are you thinking about? ....
....

2. What do you think of my friends? ....
....

3. What does she think of me? ....

4. I'm thinking about it. ....

5. I've been thinking about it for a long time. ....
....

6. I'm thinking about her. ....

7. She's thinking about me. ....

Le subjonctif comme impératif de la troisième personne

VIII. *Transformez les phrases suivantes, selon le modèle donné. Employez les pronoms.*

MODÈLE: Il part demain.
Qu'il parte tout de suite!

1. Il finira dans une heure. ....

Nom .... Section .... Date ....

    2. Ils feront le travail la semaine prochaine. ....

    ....

    3. Elle revient ce soir. ....

    4. Ils s'en vont ce soir. ....

    5. Elles apprendront leurs leçons dans une heure. ....

    ....

    6. Il apportera les journaux demain. ....

    ....

L'inversion dans les phrases non-interrogatives

IX. *Étudiez les modèles donnés et puis composez des phrases originales selon les modèles.*

    MODÈLE: Peut-être viendra-t-il demain.

    1. ....
    2. ....
    3. ....

    MODÈLE: As-tu vu la maison où habitent mes parents?

    4. ....
    5. ....
    6. ....

    MODÈLE: Voilà les gants qu'a achetés Paul.

    7. ....
    8. ....
    9. ....
    10. ....

Faire suivi de l'infinitif (*faire* causatif)

X. *Mettez les phrases suivantes au passé composé, à l'imparfait, au plus-que-parfait, au futur, au conditionnel et au conditionnel passé.*

1. Elle fait faire une robe.

　　..
　　..
　　..
　　..
　　..
　　..

2. Nous voyons venir le patron.

　　..
　　..
　　..
　　..
　　..
　　..

XI. *Répondez aux questions suivantes. Employez les pronoms convenables dans vos réponses.*

1. Est-ce que la fille t'a fait prendre cette route-ci? (Non, -là) ....
....

2. On fera venir les autres étudiants, n'est-ce pas? (Non) ....
....

3. Qui a fait voir ces peintures aux autres? (Jean) ....
....

4. Qui t'a fait voir les tableaux? (Marc) ....
....

5. Nous entendrons chanter Madeleine, n'est-ce pas? (Oui) ....
....

6. Son père ne laissera pas sortir Jacques! (Si, si...) ....
....

Nom .... Section .... Date ....

Le verbe *mourir*

XII. *Composez des phrases en employant les mots donnés.*

1. Je/mourir/de faim/. (au présent) ....

....

2. Elles/mourir/novembre/. (au passé composé) ....

....

3. Nous/mourir/tous/un jour/. (au futur) ....

....

4. Dans un sens/nous/mourir/un peu/tous les jours/. (un présent) ....

....

5. En ce temps-là/elle/mourir/déjà/. (au plus-que-parfait) ....

....

6. Dans ce cas-là/ils/ne pas mourir/. (au conditionnel passé) ....

....

7. Il/mourir/d'un cancer/. (au passé composé) ....

....

Vocabulaire: *deuxième lecture*

XIII. *Choisissez parmi les mots suivants les synonymes des mots en italique.*

inquiet	mots	terrible
en tout cas	séparer	plus tard
destin	emmener	pourtant

1. Voilà un homme qui se plaint toujours de son *sort*. ....

2. J'espère que vous pourrez m'*écarter* de mes accusateurs. ....

3. Nous avons fait quelques achats en ville et *par la suite* nous sommes allés voir un

   bon film. ....

4. Vous êtes trop *soucieux* du sujet de votre fils; c'est un brave garçon.

   ....

5. C'était un film *affreux*. ....

6. *Toutefois,* vos parents viendront la semaine prochaine. ....

7. Ses *paroles* encourageantes nous ont réconfortés un peu. ....

XIV. *Complétez les phrases suivantes avec le mot qui convient.*

couverture	trésor	sourde
aveugle	empêcher	prière
emmener	être	

1. L'enfant était méchant; on a dû l' ....

2. Tout .... humain est sujet à la mort.

3. Elle était fidèle aux principes qu'elle avait acceptés, et avec ses enfants elle faisait une .... matin et soir.

4. Il fait froid dans ma chambre. J'aurai besoin d'une autre ....

5. Ils vont m' .... de terminer mon projet.

6. Parlez plus haut; elle est un peu ....

7. Les pirates cherchaient depuis longtemps le .... qu'ils venaient de retrouver.

XV. *Composez une phrase avec chacune des expressions suivantes.*

1. baisser la voix ....
....

2. prier Dieu pour que ....
....

3. pour ainsi dire ....
....

4. néanmoins ....
....

5. être empêché de ....
....

Nom .... Section .... Date ....

Composition

XVI. Comme le pasteur dans La Symphonie pastorale, *vous avez des loisirs et vous avez décidé d'écrire une page dans votre journal. Vous allez y parler du passage de* La Symphonie pastorale *que vous venez de lire. D'abord, écrivez la date en haut de la page de votre journal. Ensuite indiquez que vous venez de lire un passage de* La Symphonie pastorale *d'André Gide. Donnez un bref résumé des lectures de la huitième leçon. Indiquez si les lectures vous ont plu ou non, et expliquez pourquoi vous les avez ou vous ne les avez pas aimées.*

Révision

Review Lessons Six and Seven and then do the following exercises which are based on those lessons. Check your answers against those given in the back of the workbook. If you have difficulty in doing these exercises, review Lessons Six and Seven again and then rewrite the exercises.

XVII. Employez le mot ou l'expression convenable dans les phrases suivantes.

1. Il y déjà une heure (que/si) .... nous attendons.

2. (Lorsque/Si) .... Georges viendra, je me rendrai avec lui au réfectoire.

3. (Voilà/Depuis/Depuis quand) .... des semaines qu'ils réfléchissent à ce problème.

4. Ils ont habité à Londres (pour/depuis/il y a) .... longtemps.

5. Marc a joué au tennis ce matin (depuis/pendant/pour) .... deux heures.

6. Nous partirons ce soir (s'/dès qu') .... il fait beau.

7. (Depuis quand/Combien de fois) .... est-elle malade?

8. (C'/Il/Elle) .... est un bon médecin.

9. (Ils/Ce/Elles) .... sont des Anglaises.

10. (Elle/C'/Il) .... est institutrice.

11. (Ça fait/Ça faisait/Pour) .... une semaine qu'elle était déjà sur pied.

XVIII. Répondez aux questions suivantes. Employez dans vos réponses y, en, *les compléments d'objet direct et indirect et les pronoms toniques convenables, selon le cas.*

1. Les autres vont venir, n'est-ce pas? (S'il fait beau... sûrement. *Mettez au futur.*) ...

....

113

2. Il est professeur, n'est-ce pas? (Oui,... bon professeur) ....

3. Qui a écrit cette composition pour toi? (... même) ....

4. Qui a écrit cette composition pour Georges? (C'est Marc...) ....

5. Ils vont en Europe l'année prochaine, n'est-ce pas? (S'ils avaient assez d'argent...)

6. Marc est assis au premier rang, et les filles? (... au quatrième rang) ....

7. Qui a vendu cette motocyclette à Jean-Pierre? (C'est Joseph...) ....

8. Vous vous plaignez trop! (Mais non!...) ....

9. Marc est moins grand que moi, n'est-ce pas? (Mais non... plus grand) ....

10. Ils vont peindre la cuisine, n'est-ce pas? (...déjà...hier) ....

11. Où allez-vous vous asseoir? (Nous... avec Madeleine. *Mettez au futur.*) ....

12. Est-ce que Marc a fini? (Non, mais si on l'avait aidé un peu,...) ....

Nom .... Section............ Date ....

13. Quand vont-ils se rendre à l'aéroport? (... tout de suite) ....

14. Jean est avec ses parents, n'est-ce pas? (Oui... assis... là-bas) ....

15. J'espère que vous avez parlé de mes recommandations au patron. (Je regrette, mais...) ....

XIX. *Écrivez des réponses selon les modèles donnés.*

   MODÈLE: Je vais parler de mes projets au professeur.
              C'est une bonne idée. Parlez-lui-en.

  1. Je vais inviter les autres. ....

  2. Je vais recommander mon plan à Oncle Georges. ....

  3. Je vais te dire mon secret. ....

  4. Je vais te donner de la soupe à l'oignon. ....

  5. Je vais expliquer mes idées aux autres filles. ....

   MODÈLE: Je ne vais pas parler de mes projets au professeur.
              Bon, ça va. Ne lui en parlez pas.

  6. Je ne vais pas aider les autres. ....

7. Je ne vais pas vous dire mes plans. ....

8. Je ne vais pas vous parler de mes projets. ....

9. Je ne vais pas répondre à son invitation. ....

10. Je ne vais pas exprimer mes soucis à mes parents. ....

XX. *Composez des phrases en utilisant les mots donnés.*

1. Tu/craindre/surtout/la mort/. (à l'imparfait) ....

2. Ils/ne pas atteindre/objectifs/. (au passé composé) ....

3. Nous/s'asseoir/avec Madeleine/. (au plus-que-parfait) ....

4. Nous/parcourir/le même chemin/. (au passé composé) ....

5. Elle/ne pas sourire/soir-là/. (au conditionnel passé) ....

6. Je/craindre/sa réponse/. (au conditionnel passé) ....

7. Vous/courir/risque/pas terminer/à l'heure/. (au présent) ....

8. Ils/rire/de bon cœur/. (au présent) ....

XXI. *En utilisant les mots donnés, complétez les phrases suivantes.*

cour	s'ennuie	éclat
orage	veut dire	bondé
s'agit	donne sur	meublé
partage		

Nom .... Section .... Date ....

1. Il n'y a rien à faire ici et on .... beaucoup.

2. —Il va pleuvoir.

    —Nous allons avoir un............................., je crois.

3. Savez-vous ce que .... cette phrase?

4. Ils cherchent un appartement .... dans votre quartier.

5. Les enfants jouent dans la ...., je crois.

6. Ma fenêtre .... le jardin zoologique.

7. Ils ne sait pas de quoi il ....

8. J'ai été aveuglé par l'............................ de la lumière.

117

Neuvième Leçon: La Symphonie pastorale (suite)

Vocabulaire: *première lecture*

I. Complétez les phrases suivantes avec le mot ou l'expression convenable.

m'égarer   glacer
m'efforcer   tournée
empêchement   déception
pénible   céder
avouer   sourire
fait

1. Il a perdu le match; vous ne pouvez pas imaginer sa ....

2. J'arrive toujours le premier et je ne vais pas .... ma place!

3. Le docteur va faire sa .... dans ce quartier demain.

4. Tout le monde sait cela; c'est un .... certain.

5. C'est moi qui l'ai fait et je vais tout ....

6. Je vais .... de mettre en pratique vos recommandations.

7. Tout le monde aime voir un .... sincère.

8. Si je ne prends pas la bonne route je vais ....

119

9. Je suis sûr que son hostilité va me .... tout à fait.

10. Leur condition misérable est .... à voir.

II. Donnez les noms qui correspondent aux verbes suivants.

1. glacer ....
2. faire ....
3. désespérer ....
4. empêcher ....

III. Composez une phrase avec chacune des expressions suivantes.

1. avoir un empêchement ....

   ....

2. ne pas désespérer ....

   ....

3. de sorte que ....

   ....

4. s'y prendre mal ....

   ....

5. avouer sa déception ....

   ....

Grammaire

Révision des adjectifs: Le masculin, le féminin, et le pluriel

IV. Transformez les phrases suivantes en utilisant les mots donnés entre parenthèses.

1. Voilà une jeune fille sérieuse. (étudiant) ....

   ....

2. C'est un garçon actif. (petite fille) ....

   ....

3. C'est un volume épais. (volumes) ....

   ....

Nom .... Section .... Date ....

4. Ses yeux sont expressifs. (figure) ....

5. C'est un romancier principal. (romanciers) ....

6. Ils sont étrangers. (Elles) ....

7. C'est un garçon curieux. (fille) ....

8. C'est un endroit délicieux. (région) ....

9. C'est un terrain plat. (surface) ....

10. J'ai noté un élément antisocial. (éléments) ....

11. Tu es maigre. (Anne et son frère) ....

12. Ils sont italiens, je crois. (Cette fille) ....

13. Le repas est gratuit. (L'entrée) ....

14. C'est un enfant têtu. (enfants) ....

La place des adjectifs

V. Répondez affirmativement aux questions suivantes.

1. As-tu des amis? (bons) ....

2. A-t-elle acheté un foulard? (petit, vert) ....

3. Y a-t-il un hôtel dans les environs? (moderne sur la place là-bas) ....

4. Aimez-vous les films? (bons, étrangers) ....

5. Elle cherche un appartement, n'est-ce pas? (meublé) ....

6. Il est médecin, n'est-ce pas? (bon) ....

Le passé antérieur

VI. *Récrivez les phrases suivantes en mettant les verbes au passé antérieur.*

1. Son armée était déjà arrivée devant les portes de la ville. ....

2. Il avait fini son travail avant notre départ. ....

3. Le roi avait déjà déclaré la guerre. ....

4. Ses parents étaient déjà partis à son arrivée. ....

5. Ils avaient déjà publié leurs mémoires. ....

L'imparfait et le plus-que-parfait du subjonctif

VII. *Récrivez les phrases suivantes, en remplaçant les verbes subjonctifs de la langue écrite par les formes correspondantes de la langue parlée (la langue de la conversation).*

1. Le pasteur eût préféré ne pas lui en parler. ....

Nom .... Section .... Date ....

2. Si elle fût allée voir un médecin, elle eût été guérie. ....

....

3. Qui eût dit une chose pareille? ....

....

4. J'eusse voulu le voir avant son départ. ....

....

5. Fallait-il que le premier ministre attendît une heure? ....

....

6. Si nous eussions su cela, nous fussions venus avant. ....

....

7. Il était important que nous arrivâmes au village avant lui. ....

....

8. Je doutais qu'elle fût morte à cette époque-là. ....

....

Le verbe *conduire* (*construire, détruire, produire, reconstruire, traduire*)

VIII. Dans les phrases suivantes, employez la forme convenable du verbe entre parenthèses.
(AU PRÉSENT)

1. Vous (conduire) .... bien.

2. La France (produire) .... beaucoup de blé.

3. Ils (construire) .... une école ici.

4. Tu (conduire) .... trop vite.

(AU PASSÉ COMPOSÉ)

5. Ils (reconstruire) .... l'église au XVe siècle.

6. Nous (traduire) .... quelques paragraphes de Gide.

7. On (détruire) .... complètement ....

cette ville durant la guerre.

8. Je (conduire) .... mes copains au théâtre.

(AU FUTUR)

9. Je te (conduire) .... chez toi plus tard.

10. Attention! Tu (détruire) .... ces livres magnifiques.

11. Nous (reconstruire) .... notre fabrique sur le même terrain.

12. Ils (produire) .... plus de raisin cette année-ci.

IX. *Récrivez les phrases suivantes au passé composé, à l'imparfait, au plus-que-parfait, au futur, au conditionnel et au conditionnel passé.*

1. Nous reconstruisons notre maison sur le même endroit.

   ....
   ....
   ....
   ....
   ....
   ....

2. Je conduis les autres chez eux.

   ....
   ....
   ....
   ....
   ....
   ....

Vocabulaire: *deuxième lecture*

X. *Complétez les phrases suivantes avec le mot ou l'expression convenable.*

tiède	reconnaissance	aile
piscine	douce	baiser
amer	rude	souple
pesant	naissance	

1. Il sait s'adapter aux éventualités possibles; il a un caractère

   ....

Nom .... Section .... Date ....

2. La côte de la Bretagne est .... et sauvage.

3. Quelle est la date de votre .... ?

4. Je préfère nager dans l'eau ....

5. J'aime beaucoup entendre parler cette femme. Elle a une voix .... et agréable.

6. Quand nous l'avons trouvé, l'oiseau avait une .... cassée.

7. C'est bien! Nous pouvons nager. La .... est ouverte.

8. Je garderai à jamais une .... de votre bonté envers moi.

9. Avant qu'elle ne s'en aille, va donner un gros .... à Tante Lili.

10. Il porte un paquet ....

XI. *Donnez les noms qui correspondent aux verbes suivants.*

1. inquiéter ....

2. naître ....

3. reconnaître ....

4. peiner ....

5. voler ....

XII. *Composez une phrase avec chacune des expressions suivantes.*

1. prendre un médicament amer ....
   ....

2. causer avec Monique jusqu'à l'aube ....
   ....

3. être un fils unique ....
   ....

4. s'inquiéter de ....
   ....

5. voler des milliers de dollars ....
   ....

6. peiner ses parents ....
   ....

Composition

XIII. Imaginez que vous avez la charge d'une jeune fille aveugle qui n'a pas appris à parler. Indiquez comment vous lui apprendriez à parler. Donnez des exemples de votre enseignement et indiquez les méthodes qui vous employeriez. Indiquez que vous, comme le pasteur, auriez besoin de beaucoup de patience, de sympathie et d'amour. Expliquez que cette obligation et vos soins auraient des récompenses, c'est-à-dire l'amour et la reconnaissance de celle que vous auriez aidée.

Révision

Review Lessons Seven and Eight and then do the following exercises which are based on these lessons. Check your answers against those given in the back of the workbook. If you have difficulty in doing these exercises, review Lessons Seven and Eight again and then rewrite the exercises.

XIV. Répondez aux questions et aux phrases suivantes. Dans vos réponses employez y, en et les pronoms convenables, selon le cas.

1. J'espère que tu as pensé à tes examens. (Non) ....
   ....

2. Qui t'a confié cette charge? (Le pasteur) ....
   ....

3. C'est un boutiquier, je crois. (Oui, il...) ....
   ....

4. Qui a allumé le feu pour Marc? (... même) ....
   ....

5. Elle pensait à ses parents, n'est-ce pas? (Oui) ....
   ....

6. Il est pasteur, n'est-ce pas? (Oui... bon...) ....
   ....

7. Qui a cédé place à Jeanne? (C'est Jean...) ....
   ....

Nom .... Section .... Date ....

8. Je pense que Robert est sympathique. (Qu'est-ce que vous...?) ....

....

9. Je pense que le film est affreux. (Qu'est-ce que vous...?) ....

....

10. Il a avoué sa culpabilité au juge, n'est-ce pas? (Non) ....

....

11. Qui a tricoté cette écharpe pour moi? (C'est Anne...) ....

....

12. Il vous a fait réciter ce poème-ci, n'est-ce pas? (Non,... -là) ....

....

13. Aimez-vous mieux ces gants-ci? (Non,... -là) ....

....

14. Avez-vous fait venir le médicin? (Non,... demain) ....

....

15. Quelle auto préfères-tu? (... de Marc) ....

....

16. Allez-vous acheter ce veston-ci? (Non... que j'ai vu hier) ....

....

17. Où s'est-elle assise? (au deuxième rang) ....

....

18. Elle est assise avec Georges, n'est-ce pas? (Non) ....

....

XV. En employant les mots donnés, transformez les phrases suivantes.

1. Qu'ils partent tout de suite! (Paul) ....

....

2. Dites-le-moi! (Ne...) ....

....

3. Il est mort en janvier. (Elles) ....

4. C'est un bon professeur. (... sont...) ....

5. Que Marc vienne aussi! (les autres) ....

6. C'est une infirmière. (Elle) ....

7. Georges craint de parler. (Ils) ....

8. Ne la lui confiez pas. (*Mettez à l'affirmatif.*) ....

XVI. *Mettez les phrases suivantes au passé composé, à l'imparfait, au plus-que-parfait, au futur, au conditionnel et au conditionnel passé.*

1. Je crains son indifférence.

2. Des milliers meurent de faim.

Nom .... Section .... Date ....

XVII. *En employant l'inversion, récrivez les phrases suivantes.*

1. Je ne sais pas où tes parents demeurent. ....

2. Ils n'ont pas vu les peintures que ta mère a achetées. ....

3. Nous n'avons pas aimé le film que notre professeur a recommandé. ....

4. Ils viendront demain. (Sans doute...) ....

XVIII. *En utilisant les mots donnés, complétez les phrases suivantes.*

rêve   or   rides
stade   être de retour nids
allumer   vides   fidèles
renseigner

1. Nous comptons .... avant la nuit.

2. Vous verrez tout de suite que les boîtes sont ....

3. Vivre loin du tumulte de la ville c'était son .... depuis son enfance.

4. Une vingtaine de .... seulement viennent régulièrement aux réunions.

5. Va .... la chandelle, Jean-Marc.

6. Le match aura lieu demain soir dans le .... municipal.

7. Le printemps arrive et les oiseaux construisent déjà leurs ....

8. Quand on regardait ce vieillard, ce qui frappait surtout c'étaient les .... du visage et des mains.

Nom .... Section............. Date................

10

Dixième Leçon: Chez Nous

Vocabulaire: *première lecture*

I. Complétez les phrases suivantes avec le mot convenable.

jadis	charrue	abattre	foin
besogne	grêle	bercer	
noces	récolte	souci	
paroisse	hache	faucher	

1. Veux-tu .... ton petit frère? Il est malheureux.

2. On peut .... un arbre avec une ....

3. Toujours heureuse, c'est une fille sans ....

4. Le curé de notre .... nous a rendu visite ce matin.

5. Je ne peux pas aller au cinéma. J'ai trop de .... à faire.

6. On prépare ses champs pour la culture avec une ....

7. Maman a dit que les .... auraient lieu en juin.

8. Les insectes ont dévasté le .... ; notre

    .... sera terrible.

9. Les voisins vont nous aider à .... notre blé.

10. Une .... très forte a cassé les fenêtres de la maison.

11. .... on aimait bien les grandes fêtes familiales.

131

II. Composez une phrase avec chacune des expressions suivantes.

1. se mettre à l'ouvrage ....

....

2. incendier la grange ....

....

3. avoir peur de la foudre ....

....

4. avoir une moisson abondante...

....

Grammaire

Les nombres

III. Écrivez en français les nombres suivants.

1. 376 ....

2. 824 ....

3. 1,598 ....

4. 2,653,239 ....

....

IV. Répondez en français. Combien font...?

1. 8 et 12? ....

2. 15 et 17? ....

3. 9 et 16? ....

4. 10 et 18? ....

5. 33 et 44? ....

....

6. 52 et 43? ....

....

Nom .... Section............. Date ....

V. *Écrivez les nombres ordinaux pour les nombres cardinaux suivants.*

1. 7 ....
2. 16 ....
3. 3 ....
4. 1 ....
5. 21 ....
6. 11 ....
7. 5 ....

Le comparatif et le superlatif

VI. *Faites des comparaisons en employant* plus de (d')... que.

MODÈLE: Marie a beaucoup de livres. Et Jeanne?
Marie a plus de livres que Jeanne.

1. Hélène a beaucoup de corsages. Et Anne? ....
....

2. Albert a quelques amis. Et André? ....
....

3. Tante Alice a plusieurs fourrures. Et bonne-maman? ....
....

4. Le salon a beaucoup de rideaux. Et la cuisine? ....
....

5. Elle avait un tas de poupées. Et sa sœur? ....
....

6. L'actrice avait beaucoup de malles. Et l'acteur? ....
....

VII. *Faites des comparaisons en employant* mieux que *ou* meilleur(e)... que.

MODÈLE: Georges parle bien. Et Jacques?
Georges parle mieux que Jacques.

1. Simone écrit bien. Et Élizabeth?..
....

2. Knock est un bon médecin. Et Parpalaid?...
....

3. M. Jourdain est un excellent professeur. Et M. Leblanc?...................................
....

4. Jacques patine bien. Et Jean?..
....

5. L'enfant est une bonne actrice. Et sa cousine?...
....

VIII. *En employant les mots donnés, écrivez des phrases selon les modèles.*

MODÈLE: Tu/poli/Georges/.
Tu as été plus poli que Georges.

1. Nous/prudents/toi/..
....

2. Ils/accueillants/les Dubois/. ....
....

3. Vous/agréable/moi/...
....

MODÈLE: La Renault/essence/la Peugeot/.
La Renault a plus d'essence que la Peugeot.

4. Tu/couvertures/moi/. ....
....

5. Anne/poupées/son amie/. ....
....

6. Nous/tact/eux/. ....
....

MODÈLE: Vous/loisirs/moi/.
Vous aurez autant de loisirs que moi.

Nom .... Section............ Date ....

7. Nous/temps/Marc/. ....
....

8. Ils/clients/le docteur Knock/. ....
....

9. Je/argent/toi/. ....
....

MODÈLE: garçon/souple/classe/.
C'est le garçon le moins souple de la classe.

10. hôtel/commode/ville/. ....
....

11. femme/âgée/asile/. ....
....

12. étudiants/bêtes/tous/. ....
....

MODÈLE: vous/parler/.
Dans ce cas-là, vous auriez mieux parlé que les autres.

13. ils/courir/. ....
....

14. tu/patiner/. ....
....

15. elle/danser/. ....
....

MODÈLE: médicament/amer/.
Ce médicament est aussi amer que celui-là.

16. enfants/maigres/. ....
....

17. tram/bondé/. ....
....

135

18. soldats/lâches/. ....

MODÈLE: étudiants/ne pas venir/.
La plupart des étudiants ne sont pas venus.

19. ouvriers/ne pas finir/leurs projets/. ....

20. hommes/céder/leurs places/. ....

21. copains/causer/ensemble/jusqu'à l'aube/. ....

Les verbes irréguliers *mettre* (admettre, permettre, promettre, remettre, soumettre, transmettre, se mettre à) et *battre* (se battre)

IX. En utilisant les mots donnés, écrivez des phrases.

(À L'IMPARFAIT)

1. Ils/remettre/toujours/les réunions/. ....

2. Elle/battre/beaucoup/le blé/. ....

3. On/ne/me/permettre/sortir/le soir/. ....

4. Nous/se soumettre/toujours/sa volonté/. ....

(AU PLUS-QUE-PARFAIT)

5. Ils/ne/se battre/. ....

6. Nous/se mettre/danser/. ....

7. Elle/promettre/le faire/. ....

Nom .... Section .... Date ....

8. Tu/battre/ce garçon/. ....
....

(AU PRÉSENT)

9. Ils/se remettre/au travail/. ....
....

10. Je/ne/se battre/. ....
....

11. Elles/battre/leurs enfants/. ....
....

12. Je/vous/promettre/venir/. ....
....

(AU FUTUR)

13. Vous/la/battre/de justesse/. ....
....

14. Georges/ne jamais admettre/cela/. ....
....

15. Je/lui/transmettre/votre message/. ....
....

X. *Récrivez les phrases suivantes au passé composé, à l'imparfait, au plus-que-parfait, au futur, au conditionnel et au conditionnel passé.*

1. Nous ne nous battons jamais.

....
....
....
....
....
....

2. Il promet tout sans rien faire.

....

137

....

....

....

....

....

Vocabulaire: *deuxième lecture*

XI. Terminez les phrases suivantes avec le mot ou l'expression qui complète la définition.

1. Le cri d'un cheval s'appelle un ....

2. Les oiseaux perchent sur un ....

3. Une botte de blé s'appelle une ....

4. Un meuble où l'on met les vêtements est une ....

5. La quantité d'un liquide qu'on peut avaler en une seule fois s'appelle une

   ....

6. Un regard rapide est un ....

7. Le lieu où on loge les chevaux s'appelle l'............................... .

8. Le lieu où on loge les poules s'appelle le ....

XII. Complétez les phrases avec le mot convenable.

rayon   rôder   pencher
pré   botte   clocher
arroser   traire

1. Les fleurs meurent. Il faudra les .... tout de suite.

2. J'aurai besoin d'une .... de carottes.

3. Le .... de notre chapelle est construite du granit de nos montagnes.

4. On va faire un pique-nique dans le .... de l'autre côté du lac.

5. Le pauvre homme necessait de .... dans la nuit.

6. Il faut .... les vaches avant de souper.

7. Avant de rentrer, j'aimais regarder le dernier .... du coucher de soleil.

8. Ne laissez jamais l'enfant se .... hors de la fenêtre.

Nom .... Section .... Date ....

Composition

XIII. Connaissez-vous quelqu'un qui a dû beaucoup travailler afin de réussir dans la vie? Sur une autre feuille de papier, écrivez une composition sur la vie de cette personne.

Révision

Review Lessons Eight and Nine and then do the following exercises. If you have difficulty in doing these exercises, review Lessons Eight and Nine again and rewrite the exercises.

XIV. Répondez aux questions suivantes en utilisant les mots donnés entre parenthèses. Employez les pronoms convenables dans vos réponses.

1. Ils ont fait venir le docteur, n'est-ce pas? (Non... demain) ....

2. Elle pensait aux camarades, et toi? (... aussi) ....

3. Je penserai à nos soucis plus tard, et toi? (... aussi) ....

4. Le vieillard est mort, n'est-ce pas? (Non, mais... avant demain) ....

5. Avez-vous des romans? (bons, français) ....

6. Paul viendra ce soir. (Qu'il... tout de suite!) ....

7. Voilà deux pommes. (Apportez-moi... -là) ....

8. Ont-ils des enfants? (Oui... actifs) ....

9. Avez-vous déjà conduit vos parents à la gare? (Non... dans un instant) ....

10. Aimez-vous mieux ces dessins-ci? (Non... -là) ....

11. Avez-vous pris mon veston? (Non... de Georges) ....

12. Je pense que le roman est affreux. (Qu'est-ce que vous...?) ....

XV. *Transformez les phrases suivantes en utilisant les mots donnés entre parenthèses.*

1. Ils n'eurent pas le temps de s'évader. (Il) ....

2. Nous mourons de faim. (Je) ....

3. Nous mourions de soif. (Ils) ....

4. La France produit des Citroën et des Renault. (Les Français) ....

5. C'est un garçon sérieux. (jeunes filles) ....

6. Il décida de partir le lendemain. (Ils) ....

7. Qu'ils finissent à l'heure! (Georges) ....

8. Voilà l'appartement où ses camarades demeurent. (*Employez l'inversion.*) ....

9. Les billets sont gratuits. (L'entrée) ....

10. Ce sont de beaux restaurants modernes. (hôtel) ....

11. Tu fais faire une robe, n'est-ce pas? (Vous) ....

12. Ils reconstruiront leur maison l'année prochaine. (Sans doute) ....

Nom .... Section............ Date ....

XVI. Composez des phrases en utilisant les mots donnés.

1. Mon oncle/mourir/il y a/cinq ans/. (au passé composé) ....

2. Nous/traduire/Platon/en français/. (à l'imparfait) ....

3. Elle craignait que son ami/ne/arriver/trop tard/. (à l'imparfait du subjonctif) ....

4. Tous/mourir/un jour/. (au futur) ....

5. Ils/mourir/déjà/. (au plus-que-parfait) ....

6. Si/cet homme/savoir/cela/il ne/partir/. (au plus-que-parfait du subjonctif) ....

7. enfants-là/détruire/tout/. (au présent) ....

8. Je voulais qu'il/être/là/à l'heure/. (à l'imparfait du subjonctif) ....

9. Vous/reconstruire/maison/l'année prochaine/n'est-ce pas/? (au futur) ....

10. Je/vous/conduire/à l'hôtel/. (au conditionnel passé) ....

XVII. En utilisant les mots donnés, complétez les phrases suivantes.

amer	nous efforcer	parole
empêchement	couverture	causer
doux	nous rassembler	confier

1. Nous regrettons notre absence; nous avons eu un .... à la dernière minute.

141

2. Nous allons .... chez moi à neuf heures.

3. Le médicament sera ...., mais prenez-le quand même.

4. Nous ne pourrions pas lui .... une charge si importante.

5. Enveloppez l'enfant dans cette .... Il fait très froid.

6. Nous pourrons .... plus tard; maintenant je dois travailler.

7. Nous devons .... d'étudier davantage.

8. Il s'exprime élégamment; il choisit chaque .... avec le plus grand soin.

Nom .... Section............ Date ....

11

Onzième Leçon : Zone

Vocabulaire: *première lecture*

I. *Terminez les phrases suivantes avec le mot qui complète la définition.*

1. Un camion léger est une ....

2. Une transgression est un ....

3. Une maison religieuse est un ....

4. Un endroit secret est une ....

5. L'estime excessive de soi-même s'appelle l'............................... .

II. *Choisissez parmi les mots et les expressions donnés les synonymes des mots et des expressions en italiques.*

entretenu	tiré	tardé
défendu	caché	convaincu
fait semblant		

1. Il m'a *prohibé* de participer à votre mouvement. ....

2. Mon oncle est *persuadé* que vous ferez très bien ce travail. ....

3. Avez-vous *maintenu en bon état* ce matériel? ....

4. Ils ont *donné l'apparence* de ne pas être d'accord avec nous. ....

5. J'ai *mis* l'argent *dans un lieu secret*. ....

143

III. *Composez une phrase avec chacune des expessions suivantes.*

1. faire semblant de/ne pas/aimer/ ....

....

2. tirer/sur/le gangster/ ....

....

3. ne pas/tarder à/venir/parce que/ ....

....

Grammaire

Les pronoms et les adjectifs indéfinis

IV. *Répondez affirmativement aux questions suivantes en employant les pronoms indéfinis convenables.*

MODÈLE: A-t-elle d'autres journaux?
Oui, elle en a d'autres.

1. La petite Anne a d'autres poupées, n'est-ce pas? ....

....

2. Chaque tram sera bondé, n'est-ce pas? ....

....

3. Tu as acheté quelques couvertures, n'est-ce pas? ....

....

4. Il a pris quelques journaux, n'est-ce pas? ....

....

5. A-t-elle plusieurs corsages? ....

....

6. Chaque femme apportera un panier, n'est-ce pas? ....

....

7. Ont-ils fait toutes les lectures? ....

....

8. Avez-vous lu tous les articles? ....

....

Nom .... Section .... Date ....

9. A-t-elle lu tout l'article? ....

10. Il avait d'autres amis en ce temps-là, n'est-ce pas? ....

11. As-tu vu tous les films? ....

12. Ont-elles compris toutes les leçons? ....

Les verbes *écrire (décrire)* et *vivre (revivre, survivre)*

V. En utilisant les mots donnés, écrivez des phrases.

(AU PRÉSENT)

1. Je/revivre/mon enfance/. ....

2. Vous/revivre/le passé/. ....

3. Ils/écrire/beaucoup/lettres/. ....

4. Elle/décrire/ses expériences/Afrique/. ....

(AU PASSÉ COMPOSÉ)

5. Molière/vivre/XVIIe siècle/. ....

6. Nous/ne/écrire/nos compositions/. ....

7. Rabelais/vivre/XVIe/siècle/. ....

(AU PASSÉ SIMPLE)

8. Voltaire/vivre/XVIIIe siècle/. ....

145

9. Il/décrire/les horreurs/guerre/au Viet-nam/. ....
   ....

10. Victor Hugo/vivre/XIXe siècle/. ....
    ....

(AU FUTUR)

11. Votre père/vivre/longtemps/. ....
    ....

12. Je/écrire/les rapports/demain/. ....
    ....

13. Ils/survivre/cette expérience/. ....
    ....

VI. *Récrivez les phrases suivantes au passé composé, à l'imparfait, au plus-que-parfait, au futur, au conditionnel et au conditionnel passé.*

1. Nous écrivons à nos copains.

   ....
   ....
   ....
   ....
   ....
   ....

2. Elle revit le passé.

   ....
   ....
   ....
   ....
   ....
   ....

Nom .... Section............ Date................

Vocabulaire: *deuxième lecture*

VII. Complétez les phrases suivantes avec le mot ou l'expression convenable.

sali tué traits
pareils amoureux amené
tranquilles trahi honte

1. Soyez .... et faites vos devoirs, mes enfants.

2. Tes skis sont tout à fait .... aux miens.

3. Maman a .... de ton manque de respect pour tes professeurs.

4. Ses .... méchants expriment sa colère et sa frustration.

5. Le fermier a .... son veau pour nourrir sa famille.

6. Ça se voit. Roger est .... de Suzanne.

7. Joseph a .... la confiance que je lui ai accordée.

8. C'est un jeune homme sans scrupules qui a .... la réputation de son père.

9. Marc a .... Julie au concert ce soir.

Composition

VIII. Ciboulette aime Tarzan sans exprimer son amour. Avez-vous jamais aimé quelqu'un sans jamais avouer votre affection? Sur une autre feuille de papier, écrivez un paragraphe sur votre premier «amour.» Quel âge aviez-vous en ce temps-là? Comment était la personne que vous aimiez? Comment avez-vous fait sa connaissance? Avez-vous dit à cette personne que vous l'aimiez? Comment? Pourquoi? Pourquoi pas? Décrivez vos rapports avec cette personne. Racontez des expériences partagées avec elle.

Révision

Review Lessons Nine and Ten and then do the following exercises. Check your answers against those given in the back of the workbook. If you have difficulty doing these exercises, review Lessons Nine and Ten again and then rewrite the exercises.

IX. Écrivez en français:

1. 16, 60, 77 ....

....

2. 44, 88, 96 ....

....

3. Henry the Fourth..
....

4. October 12, 1492 ....
....

X. *En employant les mots donnés entre parenthèses, répondez aux questions suivantes.*

1. Qui est plus honnête, Jacques ou Georges? (Jacques...) ....
....

2. Lequel des trois est le moins indispensable? (C'est Georges qui... trois)...........
....

3. Jeannette est plus sensible que Suzanne, n'est-ce pas? (Non... moins...)............
....

4. C'est un bon médecin, n'est-ce pas? (Oui, c'est... de la ville) ....
....

5. Vous avez plus d'argent que moi, n'est-ce pas? (Non, mais... autant... toi).........
....

6. Ce médicament est très amer. (C'est vrai, mais celui-ci... de tous) ....
....
....

7. Jeannette parle bien, n'est-ce pas? (Oui, mais c'est Robert qui... de la classe) ....
....
....

8. Ce corsage est très cher. (C'est vrai, mais il... aussi... celui-là) ....
....

9. Vous conduisez bien, n'est-ce pas? (Oui) ....
....

10. Ils reconstruiront leur chapelle l'année prochaine, n'est-ce pas? (...déjà... l'annèe

    dernière) ....
....

Nom .... Section .... Date ....

11. Quelle voiture as-tu achetée? (grande, bleue, là-bas) ....
....

12. Ont-ils des enfants? (Oui,... plusieurs, beaux, intelligents) ....
....

13. Vous remettez la réunion pour demain? (Oui, mais si je pouvais,... pour la

    semaine prochaine) ....
....

14. Mettez les livres sur la table. (... déjà... dans votre sac) ....
....

15. Vous vous battez souvent? (Non, je... jamais) ....
....

XI. *En utilisant les mots donnés, complétez les phrases suivantes.*

coup d'œil   poulailler   foin
t'inquiétais pénible   piscine
berçais   t'efforçais

1. Les vaches ont faim; donne-leur du .... , Joseph.

2. C'est .... de voir l'état misérable de ces gens.

3. On va nager à la .... cet après-midi.

4. Je sais bien que tu .... de nous aider.

5. Jetez un .... sur ce manuscrit, s'il vous plaît.

6. Tu te faisais trop de soucis; tu .... trop.

7. Mettez ces poules dans le .... , s'il vous plaît.

8. Tu aimais beaucoup le bébé. Tu le .... constamment.

Nom.. Section............. Date................

12

Douzième Leçon: Poésie nègre de la langue française

Vocabulaire: *première lecture*

I. Terminez les phrases suivantes avec le mot qui complète la définition.

1. Quelqu'un qui raconte les contes est un ....

2. Une personne qui n'a pas de soucis ou de problèmes est ....

3. Le plus âgé des enfants d'une famille est l'............................... .

4. Le moins âgé des enfants d'une famille est le ....

5. La couverture d'une maison ou d'un bâtiment est le ....

6. Il fait un peu froid, c'est-à-dire il fait ....

7. Une personne qui est fatiguée est ....

8. Une personne qui fait du bien à quelqu'un d'autre est ....

9. Une personne qui est très abbatue physiquement ou moralement est dans un état d'............................... .

II. Complétez les phrases avec le mot ou l'expression convenable.

tour	murissent	trouent
s'éteignent	étincelles	chair
cadette	étoiles	pierre

1. Il faisait beau; des .... brillaient dans un ciel sans nuage.

151

2. Faites attention! Votre feu jette des .... et vous allez mettre feu à ces champs.

3. Nous allons monter à la .... du château.

4. En tombant il s'est cogné la tête contre une grande ....

5. Le jour s'approche et les étoiles .... une à une.

6. Jean-Claude est notre premier enfant; Paulette est la ....

7. Tous les fruits dans notre verger ....

III. *Donnez le noms qui correspondent aux verbes suivants.*

1. trouer ....

2. souffler ....

3. soucier ....

4. accabler ....

5. conter ....

IV. *Composez une phrase avec chacune des expressions suivantes.*

1. monter la colline pour voir..
....

2. être saisi de terreur..
....

3. brûler la chair de sa jambe au troisième degré..
....

4. être l'aîné(e) de la famille..
....

Grammaire

Les formes verbales après des prépositions

V. *En utilisant les mots donnés, composez des phrases selon le modèle.*

MODÈLE: En/partir/il/dire/«au revoir»/. (au passé composé)
En partant, il a dit «au revoir.»

1. En/allumer/le feu/il/se brûler./ ....
....

Nom .... Section .... Date ....

2. Avant de/s'en aller/elle/s'emporter/contre/Marc/. ....

3. Après/remercier/l'enfant/il/donner/cadeau/. ....

4. En/couper/les bûches/il/se couper/le doigt/. ....

5. Pour/avoir chaud/elle/mettre/une autre couverture/. ....

6. Après/arriver/nous/trouver/un hôtel/. ....

7. Après/prier/elle/se relever/. ....

8. En/croiser/les jeunes filles/ils/lancer/des plaisanteries/. ....

9. Après/retourner/elle/aller/voir ses amis/. ....

L'emploi des prépositions *à* et *de* devant un infinitif

VI. Complétez les phrases suivantes, en employant travailler, à travailler, de travailler, *selon le cas.*

1. Vous ne voulez pas ....

2. Je n'aime pas ....

3. Enfin, le patron a fini ....

4. Vous ne devriez pas .... , Jean.

5. Le patron s'est mis .... sévèrement.

6. Je crois qu'il s'amuse ....

7. Elle continue ....

8. Nous avons refusé ....

153

Le verbe *plaire (se taire)*

VII. *Dans les phrases suivantes, employez la forme convenable du verbe entre parenthèses.*

(AU PRÉSENT)

1. Cette ville nous (plaire) ....

2. Vos amis (plaire) .... à mes parents.

3. Vous (se taire) .... devant les autres.

(AU PASSÉ COMPOSÉ)

4. Le film (ne pas me plaire) ....

5. Nous (se taire) .... heureusement.

6. Les conférences leur (plaire) ....

(AU FUTUR)

7. Je (se taire) .... si nécessaire.

8. Les concerts te (plaire) ....

9. Pour une fois, tu (se taire) ....

VIII. *Récrivez les phrases suivantes au passé composé, à l'imparfait, au plus-que-parfait, au futur, au conditionnel et au conditionnel passé.*

1. Votre robe leur plaît.

   ....
   ....
   ....
   ....
   ....
   ....

2. Sa présence me gêne et je me tais.

   ....
   ....
   ....
   ....
   ....
   ....

Nom .... Section............. Date................

Vocabulaire: *deuxième lecture*

IX. *Terminez les phrases suivantes avec le mot qui complète la définition.*

1. Une personne sans vêtements est ....

2. Un établissement industriel est une ....

3. Un chemin étroit est un ....

4. Une ligne d'un poème s'appelle un ....

5. La première lueur du jour s'appelle l' ....

6. L'eau agitée forme une vague; une vague s'appelle aussi un ....

X. *Complétez les phrases avec le mot convenable.*

bourdonnaient	rugissaient	mugissaient
flânaient	vomissaient	gonflaient
ricanaient	subissaient	

1. Les enfants avaient mal; ils .... tout ce qu'ils avaient mangé.

2. Avant de rentrer, mes tantes .... mon petit sac de bonbons et de gâteaux.

3. Les écoliers .... aux conférences de leurs maîtres.

4. Les insectes .... contre la fenêtre de ma chambre.

5. Mes parents .... dans le parc d'en face les soirs d'automne quand il faisait bon.

6. Les ouvriers .... toutes sortes d'injustices.

7. Au loin, les bêtes sauvages ....

XI. *Composez une phrase avec chacune des expressions suivantes.*

1. être pareil(le) à ....
....

2. avoir une hauteur de ....
....

3. se promener au clair de lune ....
....

4. avoir un esprit doux et souple ....

....

5. flâner le long des grands boulevards ....

....

Composition

XII. Sur une autre feuille de papier, écrivez un paragraphe sur l'enfant noir et l'école blanche.

Révision

Review Lessons Ten and Eleven and then do the following exercises. If you have difficulty in doing these exercises, review Lessons Ten and Eleven again and rewrite the exercises.

XIII. En utilisant les mots donnés, composez des phrases.

(AU PRÉSENT)

1. Tu/se battre/trop/. ....

....

2. Nous/se mettre/à table/six heures précises/. ....

....

3. Son oncle/vivre/toujours/. ....

....

(AU PASSÉ COMPOSÉ)

4. Je/mettre/bicyclette/dans le garage/. ....

....

5. Paul/nous/décrire/son séjour/Portugal/. ....

....

6. Oncle Antoine/vivre/longtemps/. ....

....

(AU CONDITIONNEL PASSÉ)

7. M. Leblanc/ne... pas/écrire/certainement/cela/. ....

....

Nom .... Section .... Date ....

8. Mes grands-parents/vivre/plus longtemps/. ....

9. Sans ton intervention/nous/se battre/. ....

(À L'IMPARFAIT)

10. Nous/s'écrire/souvent/en ce temps-là/. ....

11. Vous/ne jamais/se battre/. ....

12. On/se mettre/en route/avant l'aube/. ....

XIV. *Récrivez les phrases suivantes au passé composé, à l'imparfait, au plus-que-parfait, au futur, au conditionnel et au conditionnel passé.*

1. Georges écrit des vers en français.

2. Mon père se met à table à cinq heures et demie.

157

XV. *En employant des pronoms indéfinis convenables, répondez aux questions suivantes selon les indications données.*

1. Est-ce que Marc a beaucoup de livres? (Oui,... plusieurs) ....

2. Avez-vous écrit toutes les compositions? (Non) ....

3. As-tu étudié toute la leçon? (Oui) ....

4. Est-ce que tous les membres viendront? (Oui) ....

5. Aimez-vous tous ces films? (Oui) ....

6. Y a-t-il quelques hôtels ici? (Oui... sur le grand boulevard) ....

7. As-tu une autre cravate? (Non) ....

8. Georges a quelques cravates, n'est-ce pas? (Oui) ....

XVI. *Écrivez tous les nombres. Combien font...*

1. 22 et 33? ....

2. 36 et 51? ....

3. 11 fois 4? ....

4. 7 fois 9? ....

5. 19 moins 6? ....

Nom.. Section............. Date................

    6. 87 moins 26? ....

....

XVII. *Répondez aux questions suivantes en utilisant les expressions données entre parenthèses.*

    1. Qui étudie mieux? (Jean... Marc; Janine... de toute la classe) ....

....

    2. Laquelle est plus chère, la robe ou la jupe? (La robe...) ....

....

    3. Marc a du tact? (Oui, mais... moins... Robert)...

....

    4. Qui est meilleur? (Joseph... Robert; Jean-Claude... des trois) ....

....

    5. As-tu des disques? (Oui... autant... disques... toi).......................................

....

    6. Les tomates sont belles? (Oui, et les pommes... aussi... tomates) ....

....

XVIII. *En utilisant les mots donnés, complétez les phrases suivantes.*

caché	moisson	gerbe
amené	tranquille	jadis
arrosé	convaincu	paroisse

    1. Laissez-moi .... ! J'ai un examen demain et il faut que j'étudie.

    2. Dites-moi où tu as .... l'argent.

    3. .... on avait l'habitude de prendre un grand dîner le dimanche à midi.

    4. As-tu .... mes plantes, André?

    5. Je voudrais te croire, mais je ne sais pas .... que tu dis la vérité.

6. Jette cette .... de blé sur le camion, Henri.

7. Qui Paul a-t-il .... au cinéma hier soir?

8. On est content; la .... sera abondante cette année.

Vérifications

Première Leçon préliminaire

I.
1. Nous dînons à huit heures.
2. Réponds-tu aux questions du professeur?
3. Ils n'applaudissent pas beaucoup.
4. Quand sert-elle le déjeuner?
5. Attendent-elles depuis longtemps?
6. Je passe mes vacances en France.
7. À quelle heure finissez-vous?
8. Nous sortons souvent le soir.
9. En ce temps-là, elle sortait avec Paul.
10. Nous n'étudions pas beaucoup.
11. Tu finissais toujours à minuit.
12. Les jeunes filles attendaient toujours au restaurant.
13. Ils perdront sûrement leur argent.
14. Quand retourneras-tu?
15. Elle déjeunera à la maison.
16. Georges et Paul vendront leur auto.
17. Dans ce cas-là, nous ne choisirions pas ce cadeau.
18. Je chercherais un autre hôtel.
19. Elles partiraient ce soir à six heures.
20. Dans ce cas-là, vendriez-vous votre maison?

II.
1. M. Vincent, passez vos vacances en Italie.
2. Madeleine, cherchez un autre appartement.
3. Jeannette, choisissez un autre cours.
4. Paul, ne perdez pas votre temps.

III.
1. Jean, ne perds pas ton temps.
2. Jacques, donne le cadeau à Marie.
3. Marie, ne reste pas à la maison.
4. Robert, dors bien.

IV.
1. Pauline, finissons tout de suite.
2. Georges, étudions le français ce soir.
3. Jacqueline, partons demain matin.
4. Mlle Leblanc, attendons Paul à l'école.

V.
1. Je préférais la chimie en ce temps-là.
2. Nous partirons ce soir.
3. Mes parents demeurent à Philadelphie.
4. Ils finiraient la semaine prochaine.
5. Non, je ne sors pas souvent le soir.
6. J'aime mieux l'automne.
7. Non, il ne mentait pas beaucoup en ce temps-là.
8. Non, dans ce cas-là, elle ne vendrait pas son auto.
9. Je travaille à la banque.
10. Ils n'arriveront pas à l'heure parce que le train est en retard.
11. Oui, dans ce cas-là, je suivrais un cours de philosophie.
12. Nous finissons le travail à cinq heures.

Première Leçon préliminaire (suite)

13. Oui, je répondais toujours à ses demandes.
14. Je répondrai à sa lettre ce soir.

VI.
1. Georges, choisissez-vous bien vos cours?
2. Henri, sortiez-vous souvent en ce temps-là?
3. Suzanne, finirez-vous à l'heure?
4. Paul, quel cours préféreriez-vous l'année dernière?
5. Robert, vendez-vous votre auto?
6. Michel, travaillerez-vous jusqu'à minuit?
7. Jacqueline, Jean attendrait-il Suzette?
8. Claudette, partez-vous ce soir ou demain?

VII.
1. Elle attend ici tous les jours.
2. Elle attend Pierre.
3. Elle attendra jusqu'à cinq heures.
4. Elle attendait ici tous les jours.
5. Elle attendait Paul.
6. Dans ce cas-là, elle attendrait jusqu'à six heures.

15. Michel attend depuis une demi-heure.

Deuxième Leçon préliminaire

I.
1. Hier nous avons acheté un cahier.
2. Les jeunes filles sont descendues à Rome.
3. Je suis parti(e) pour Paris à six heures trente.
4. L'année dernière elle a beaucoup grandi.
5. Quand étaient-elles sorties?
6. Vous aviez attendu longtemps à la gare.
7. J'avais déjà fini à six heures.
8. Suzanne n'était pas encore retournée.
9. Elle n'aura pas terminé sa composition.
10. Quand seront-ils arrivés?
11. Demain, nous aurons déjà vendu notre auto.
12. Je serai déjà parti(e) demain matin.
13. J'aurais préféré cette maison.
14. Elles ne seraient pas sorties.
15. Dans ce cas-là, ils auraient accompli davantage.
16. Nous aurions perdu le match.

II.
1. J'aurai fini d'étudier à six heures et demie.
2. Non, ils ne sont pas encore arrivés.
3. J'aurais préféré celle-là.
4. Non, ils n'étaient pas encore rentrés.
5. Oui, à votre retour, elle sera déjà partie.
6. Non, je n'ai pas perdu mon livre.
7. J'avais dîné en ville parce que mes parents m'avaient invité.
8. Oui, dans ce cas-là, je serais descendu à Nice.

III.
1. Pauline, êtes-vous sortie hier soir?
2. Jacques, pourquoi n'aviez-vous pas fini votre travail?
3. Georges, quand les autres seront-ils rentrés?
4. Madeleine, auriez-vous préféré rester plus longtemps?
5. Roger, Paul et Hélène ont-ils choisi leurs cours?

IV.
1. Il dort.
2. Il dort ici de temps en temps.
3. Il a dormi ici hier soir.
4. Il dormait quand vous êtes parti(e)(s)(es).
5. Il dormait ici de temps en temps.
6. Il avait déjà assez dormi.
7. Il dormira ici ce soir.
8. Il aura dormi dix heures.
9. Dans ce cas-là, il dormirait plus longtemps.
10. Dans ce cas-là, il aurait dormi plus longtemps.
11. Nous sortons.
12. Nous sortons souvent.
13. Nous sortions souvent.
14. Nous sommes sorti(e)s hier soir.
15. Nous sortirons ce soir.
16. Dans ce cas-là, nous sortirions ce soir.
17. Dans ce cas-là, nous serions sorti(e)s hier soir.

Troisième Leçon préliminaire

I.
1. Je ferai de mon mieux.
2. Elle sera déjà venue avant midi.
3. As-tu pu aller voir Marc?
4. Savez-vous les verbes?

Troisième Leçon préliminaire (suite)

5. Nous ne venons pas aujourd'hui.
6. Mes parents n'auraient pas compris.
7. Ils ne savaient pas leurs leçons.
8. Es-tu allé(e) en ville hier?
9. Je ne peux pas finir ce soir.
10. Voudriez-vous un peu de potage?
11. Mon ami va au bal ce soir.
12. Elles ne sont pas venues hier.
13. Aviez-vous déjà fait votre projet?
14. Nous comprenons très bien.
15. Je ne voulais pas cette salade-là.
16. Les autres font leurs devoirs.
17. Il pourrait venir demain.
18. Nous ne serions pas allé(e)s au cinéma hier.
19. Saurez-vous les verbes demain?
20. Veux-tu lire ce roman-ci?
21. J'avais déjà pris mon dîner.

II.
1. Tu es allé(e) à Londres, n'est-ce pas?
2. Ils ne peuvent pas vous voir.
3. Tu ferais très bien en français.
4. À sept heures elle sera venue.
5. Nous aurions pu faire le projet.
6. Je savais jouer du piano.
7. Nous saurons toute la leçon.
8. Il a fait mauvais.
9. Elle ne sait pas ton adresse.
10. Ils auraient voulu voir ce film.
11. Tu ne voulais pas venir.
12. Élizabeth voudra t'en parler.
13. Tu vas en ville.
14. Ils faisaient une promenade.
15. Nous ne viendrons pas.
16. Je n'irai pas à la conférence.
17. Vous faites de votre mieux.
18. Ils n'ont pas su la nouvelle.
19. Elles ne veulent pas venir.
20. Tu avais déjà compris.
21. Émile ne pourrait pas venir.
22. Je ne comprends pas.
23. Nous venons de bonne heure.
24. Ils prendront le dîner à sept heures.

III.
1. pendant que
2. pendant
3. depuis

IV.
1. avant
2. parce qu'
3. devant
4. à cause du
5. Avant de

V.
La vérification n'est pas possible.

VI.
1. Quels garçons sont partis ce matin?
2. Quel homme pourrait nous aider?
3. Quelles étudiantes ne sont pas venues?
4. Quel veston est trop cher?
5. Quelle robe est belle?

VII.
1. Qui (Qui est-ce qui) a vendu sa maison?
2. De quoi s'inquiète-t-il? (De quoi est-ce qu'il s'inquiète?)
3. Qui a-t-il embrassé? (Qui est-ce qu'il a embrassé?)
4. Qu'est-ce qui est sur la table?
5. Que cherchent-ils? (Qu'est-ce qu'ils cherchent?)
6. Qui (Qui est-ce qui) a aidé les autres?
7. Sur quoi a-t-il écrit une composition? (Sur quoi est-ce qu'il a écrit une composition?)
8. Qu'est-ce qui fait le bruit?
9. Avec qui avez-vous parlé jusqu'à minuit? (Avec qui est-ce que vous avez parlé jusqu'à minuit?)
10. Qu'est-ce que vous étudiez?

VIII.
La vérification n'est pas possible.

Première Leçon

I.
1. intelligent
2. occupé
3. mauvais
4. chère
5. joie

II.
1. c'est-à-dire
2. employer
3. libre
4. irez mieux
5. faisait partir
6. de l'argent
7. expliquait ses idées
8. très
9. affirmait
10. donnait la recommandation
11. et puis

Première Leçon (suite)

III.
La vérification n'est pas possible.

IV.
1. Apportez-moi des haricots verts.
2. Apportez-moi de la soupe à l'oignon.
3. Donnez-moi un peu de potage.
4. Apportez-moi de belles cerises.
5. Donnez-moi de l'eau minérale.
6. Donnez-moi quelques sous.
7. Apportez-moi encore de l'eau.
8. Donnez-moi assez d'argent.
9. Servez-moi un verre de bière.
10. Apportez-moi plusieurs journaux.
11. Achetez-moi de jolis tableaux.
12. Donnez-moi du fromage.

V.
1. Nous avons de belles pommes.
2. Voilà des pommes magnifiques.
3. Elle sert de bons dîners.
4. Ils ont de braves enfants.

VI.
1. Il ne lui a pas donné de tartes.
2. Nous n'avons jamais d'argent. .
3. Il ne boit jamais de bière.
4. Georges n'aime pas les haricots verts.
5. Elle n'a pas acheté de fromage.

VII.
1. J'aime les haricots verts.
2. Je voudrais des haricots verts.
3. Elle préfère la soupe à l'oignon.
4. Le garçon apporte de la soupe à l'oignon.

VIII.
1. Non, je n'y suis pas allé(e).
2. Oui, elle en a apporté.
3. Non, je n'y vais pas ce soir.
4. Oui, il en a renvoyé quelques-uns.
5. J'en ai deux.
6. Non, nous n'en avons pas parlé.
7. Non, elle ne lui a pas répondu.
8. Oui, elle y a répondu.
9. Oui, j'en ai une.
10. Oui, elle en a plusieurs.
11. Oui, je leur ai conseillé de venir.
12. Oui, elle s'en sert.

IX.
1. Connais-tu l'homme que Marie connaît?
2. C'est cette coutume qui est si ridicule.
3. Voilà le garçon avec qui j'ai partagé mes sandwichs.
4. As-tu lu le poème dont on a parlé hier?
5. Voilà la banque dans laquelle Madeleine travaille.
6. Voilà le bifteck que Marie a acheté.
7. C'est mon oncle qui est conteur de légendes arabes.
8. Voilà le garçon dont la tante est infirmière.

X.
1. Je ne sais pas ce qu'ils veulent.
2. Je ne sais pas ce que c'est que la négritude.
3. Je ne sais pas ce qui s'est passé hier.
4. Je ne sais pas ce qu'elle fait.
5. Je ne sais pas ce qui fait ce bruit.

XI.
1. Nous voyions Tante Alice toutes les semaines.
2. Je crois que grand-mère est déjà sur pied.
3. Dans ce cas-là, j'aurais cru la nouvelle.
4. Avez-vous vu le film?
5. Ils avaient déjà vu le film.
6. Nous ne le croyons pas.
7. Dans ce cas-là, ils ne te croiraient pas.
8. Vois-tu Marc?
9. Vous verrez vos parents demain.
10. D'ailleurs, il ne vous croira pas.

XII.
1. Je le vois tous les jours.
2. Je l'ai vu hier.
3. Je le verrai demain.
4. Dans ce cas-là, je le verrais ce soir.
5. Dans ce cas-là, je l'aurais vu hier.
6. Je le voyais chaque semaine (toutes les semaines).
7. Je l'avais déjà vu.

XIII.
1. maître d'école
2. parfois
3. pensé
4. Sûrement
5. sorte
6. plus

XIV.
1. réflexion
2. bonté
3. soin
4. fin

XV.
La vérification n'est pas possible.

XVI.
La vérification n'est pas possible.

XVII.
1. Vous perdrez vos billets!
2. Je rentrais tous les soirs avant cinq heures.
3. Dans ce cas-là, j'arriverais avant cinq heures.
4. Elles finissent à cinq heures.
5. Vous finissiez tous les soirs avant dix heures.
6. Pars-tu aujourd'hui?
7. J'attends Marc depuis une heure.
8. Nous servirons le dîner à sept heures précises.
9. Marc a été malade hier.
10. Dans ce cas-là, ils n'auraient pas vendu leur voiture.
11. Demain à cinq heures, vous serez déjà arrivé(e)(s)(es).

XVIII.
1. Elle part.
2. Elle part tous les jours à huit heures.
3. Elle partait tous les jours à huit heures.
4. Elle partira demain à huit heures.
5. Elle est partie hier à huit heures.
6. Elle était déjà partie.
7. Dans ce cas-là, elle partirait.
8. Dans ce cas-là, elle serait partie.

XIX.
1. vont
2. ai... pu
3. viendrons
4. auras
5. aviez... appris
6. prennent
7. pourrais
8. faites
9. saurai
10. voulions
11. sommes allé(e)s
12. était... venue
13. aurait fait
14. irait
15. voudrions

XX.
1. bu, avoir
2. ouvert, avoir
3. mort, être
4. écrit, avoir
5. conduit, avoir
6. sorti, être

XXI.
1. en haut
2. parce qu'
3. ou
4. où
5. non plus
6. devant
7. Chez
8. Pour

XXII.
1. Avec qui ferez-vous le travail? (Avec qui est-ce que vous ferez le travail?)
2. Qu'allez-vous acheter? (Qu'est-ce que vous allez acheter?)
3. Qu'est-ce qui vous trouble?
4. Qui (Qui est-ce qui) a refusé la soupe?
5. Quand partira Maman? (Quand est-ce que Maman partira?)
6. Pourquoi n'êtes-vous pas venus? (Pourquoi est-ce que vous n'êtes pas venus?)
7. Qu'est-ce qui fait tant de bruit?
8. À quelle heure arrivera le train? (À quelle heure est-ce que le train arrivera?)

Deuxième Leçon

I.
1. se débrouiller
2. la foire
3. partout
4. l'infirmière
5. soin
6. tenue
7. La règle
8. pressentiment

II.
1. essayer
2. chef
3. réserver
4. Également
5. navré

III.
La vérification n'est pas possible.

165

Deuxième Leçon (suite)

IV.
1. Il vaut mieux qu'ils se servent de mon auto.
   Il vaut mieux que vous vous serviez de mon auto.
   Il vaut mieux que nous nous servions de mon auto.
   Il vaut mieux que je me serve de mon auto.
   Il vaut mieux que François se serve de mon auto.
2. Je ne crois pas que nous nous rendions compte du problème.
   Je ne crois pas que Monique se rende compte du problème.
   Je ne crois pas que vous vous rendiez compte du problème.
   Je ne crois pas que les autres se rendent compte du problème.
   Je ne crois pas que tu te rendes compte du problème.

V.
1. Je ne crois pas qu'elle garde une chambre pour nous.
2. J'espère que vous tâcherez de mieux faire.
3. Il faut que vous tâchiez de mieux faire.
4. Elle est heureuse que je me débrouille bien.
5. Croit-il que tu te serves de son auto?
6. Il doute que nous leur conseillions de venir.
7. Elle voudrait que je m'exprime clairement.
8. Je ne crois pas que vous vous soigniez bien.
9. Je crois qu'ils finiront dans une heure.
10. Il vaut mieux que j'attende ici.
11. Il est possible que nous partions demain.
12. Il faut qu'Henri y réfléchisse davantage.
13. Je ne crois pas que tu vendes ta voiture.
14. Je sais qu'ils vous le diront.
15. Le patron est content que nous suivions les règles.
16. Je doute que tu rentres de bonne heure.

VI.
1. puissent
2. avez
3. vienne
4. soyez
5. aille
6. sont
7. appreniez
8. comprends
9. saches
10. êtes
11. puisses
12. voies
13. fasse
14. soit
15. preniez
16. ayez

VII.
1. Je doute que mes amis soient venus.
2. Croyez-vous qu'elles aient compris?
3. Elle est heureuse que vous n'ayez pas été malade.
4. Je ne pense pas que tu aies fini à l'heure.
5. Il a peur que nous soyons arrivé(e)s en retard.
6. Nous regrettons que vous ne soyez pas allé(e)(s)(es) au bal.
7. Le professeur est content que j'aie appris les leçons.
8. Crois-tu que Jacques ait apporté ses disques?

VIII.
La vérification n'est pas possible.

IX.
1. Elle était déjà née.
2. Ils reconnaissent leur tante.
3. Ils n'ont pas reconnu leur tante.
4. Dans ce cas-là, le livre paraîtrait l'année prochaine.
5. Certainement, je reconnaîtrai mon ami.
6. Connaissez-vous Mme Dubois?
7. Où vos parents sont-ils nés?
8. Nous connaissions très bien ces gens-là.
9. Dans ce cas-là, l'enfant serait né plus tôt.

X.
1. en bonne santé
2. irrites
3. total
4. cherches
5. difficulté
6. complètement

XI.
1. milliers
2. campagne
3. se déranger
4. faire la queue
5. ignorer
6. portefeuille
7. s'essuyer

XII.
    La verification n'est pas possible.

XIII.
    La vérification n'est pas possible.

XIV.
1. Marc avait déjà perdu son argent.
2. Croyez-vous la nouvelle?
3. Vous viendriez la semaine prochaine.
4. Nous prenons soin de l'enfant.
5. Je verrai les autres demain.
6. Ils ne voient pas la cathédrale.
7. Tu n'as pas cru l'histoire.
8. Nous aurions eu assez d'argent.
9. Elles finissent maintenant.
10. Je pars ce soir.
11. Tu rentrais toujours tard.
12. Elles sont parties avant nous.
13. J'aurais voulu y aller.
14. Avez-vous vu ce film-là?
15. Il a été roi de France au seizième siècle.

XV.
1. de
2. de la
3. de
4. des
5. du
6. de
7. de l'
8. d'

XVI.
1. Oui, j'en ai plusieurs.
2. Oui, elle y va.
3. Oui, il va en apporter quelques-uns.
4. Ils en ont trois.
5. Non, je déteste la bière.
6. Oui, j'en ai assez.
7. Oui, nous en avons vu quelques-unes.
8. Non, je préfère les carottes.

XVII.
1. Quels
2. Quel
3. Quelle

XVIII.
1. te soigner
2. disponible
3. bête
4. chez
5. gouttes
6. autant
7. loin de
8. réfléchisses
9. Enfin
10. ensemble

XIX.
1. Qu'est-ce que c'est que
2. ce que c'est que
3. qui
4. que
5. Qu'est ce qui
6. que
7. ce qu'
8. Qu'est-ce qui
9. ce qui
10. Qui (Qui est-ce qui)
11. qui
12. que, quoi
13. qui
14. dont
15. laquelle

Troisième Leçon

I.
1. a arraché
2. au moins
3. a aperçu
4. éperdument
5. esclave
6. a poursuivi
7. a sangloté

II.
1. pressait
2. a pris
3. a commencé
4. est parti
5. s'occupait de

III.
    La vérification n'est pas possible.

IV.
1. se sert de la sienne.
2. ... ai le mien.
3. ... attendent les leurs.
4. ... as veillé sur les tiens.
5. ... vous rendez compte des vôtres.
6. ... suis allé(e) voir les miennes.
7. ... avons rendu visite aux nôtres.
8. ... a fait le sien.
9. ... ignoriez la vôtre.
10. ... préfère la mienne.
11. ... as fini le tien.
12. ... ont fini le leur.
13. ... aime les siennes.
14. ... avons gardé le nôtre.
15. ... préfères la tienne.

Troisième Leçon (suite)

V.
1. son frère; sa sœur; sa sœur; son frère; ses frères; ses frères
2. mes parents; leurs parents; nos parents; les nôtres; les leurs; les miens

VI.
1. Ils demeurent en Suisse.
2. Ils vont passer leurs vacances au Mexique.
3. Ils sont allés à Philadelphie.
4. Ils voyagent dans l'Amérique du Sud.
5. Je suis allé à Cannes.
6. J'ai passé les vacances de Noël en Espagne.
7. Ils demeuraient à Londres en ce temps-là.
8. Il a fait ses études aux États-Unis.
9. Je passerai mes vacances au Japon.

VII.
Les verbes: naquit... étudia... fit... s'éveillèrent... écrivit... était... l'emprisonna... dut... s'installa... influença... revint... fut reçu... bouleversèrent... mourut

VIII.
1. Au loin, elle a aperçu les enfants.
2. Ils boivent du thé.
3. Nous devions être disponibles ce soir-là.
4. Vous devez réfléchir aux conséquences.
5. Madame Frangel reçoit souvent le samedi soir.
6. Tu me dois cinq francs.
7. Nous buvons de l'eau minérale.
8. Je recevrai de bonnes notes ce semestre.
9. Ils n'ont pas bu de café.
10. Il aurait dû renvoyer ces clients-là.
11. Je n'aurais jamais bu cela!
12. Vous aviez déjà reçu mon télégramme.

IX.
1. Il doit veiller sur les enfants.
2. Vous devez veiller sur les enfants.
3. Vous devriez veiller sur les enfants.
4. Vous deviez veiller sur les enfants.
5. Vous auriez dû veiller sur les enfants.
6. Elle a dû veiller sur les enfants.
7. Elle a dû veiller sur les enfants.
8. Elle me doit cinq dollars.

X.
1. grandir
2. rivage
3. deviner
4. tige
5. loisirs
6. déchirer
7. taille
8. reculer
9. presqu'île

XI.
1. Malgré
2. briller
3. jour suivant
4. autour
5. absence
6. recevoir

XII.
La vérification n'est pas possible.

XIII.
La vérification n'est pas possible.

XIV.
1. Oui, il en a assez.
2. Je regrette, monsieur. Nous n'avons plus de jambon.
3. Oui, j'y ai réfléchi.
4. J'en ai deux.
5. Non, je voudrais un peu de soupe.
6. Oui, je voudrais du rosbif.
7. Non, merci. J'aime mieux le lait.
8. Oui, il en a plusieurs.
9. Oui, elle en a quelques-unes.
10. Oui, j'ai de bons disques.

XV.
1. Je ne sais pas ce que c'est qu'un monomanique.
2. Je ne sais pas ce qui le motive.
3. Je ne sais pas ce qu'ils ont écrit.
4. Tu ne connais pas le garçon pour qui je l'ai acheté.
5. Tu ne connais pas les gens que j'ai vus au bal.
6. C'est un homme riche qui l'a achetée.
7. C'est la stupidité de Guy qui l'a fâché.
8. C'est une pièce de Molière dont il a parlé.

XVI.
1. Te reconnaissent-ils?
2. Ils ne voient pas ce qui se passe.
3. Tu connaissais très bien ce garçon.
4. Avez-vous déjà vu le film?
5. À cette époque-là, ton père était déjà né.
6. Ils ne croient pas mon histoire.
7. Si nécessaire, je verrais le patron demain.
8. Je ne vous aurais pas reconnu(e)(s)(es).
9. Mes deux sœurs sont nées en janvier.
10. Nous reverrons nos parents ce soir.
11. Vous n'auriez pas cru cela.
12. Ses mémoires paraîtront dans quelques mois.

XVII.
1. rentriez
2. étudient
3. prenne
4. réfléchisses
5. sachions
6. gardez
7. apprenne
8. est
9. allions
10. finisses
11. puissiez
12. fait

XVIII.
1. Je doute qu'il ait fini.
2. Non, je ne crois pas qu'elle soit partie.
3. Oui. Je suis sûr qu'ils sont déjà arrivés.
4. Non, il doute que j'aie fait mon devoir.
5. Je doute fort qu'ils soient rentrés avant vous.

XIX.
1. garde
2. bien
3. pressentiment
4. fin
5. s'essuie
6. s'exprime
7. campagne
8. gratuite
9. brave
10. tâche

Quatrième Leçon

I.
1. mêler
2. insensible
3. la veille
4. puissant
5. tricoter
6. Le sapin
7. traduire
8. l'escalier
9. la bûche

II.
1. mélangée
2. Il est possible
3. mouillée
4. forte
5. contentement

III.
La vérification n'est pas possible.

IV.
1. Nous ne nous reposons pas bien ici.
2. T'es-tu dépêché(e)?
3. Pourquoi ne vous êtes-vous pas soigné(e)(s)(es)?
4. Ils ne se sont pas bien exprimés.
5. Nous allons nous amuser.
6. À quelle heure vous levez-vous?
7. L'enfant va s'essuyer les mains.
8. Ils se coucheront très tard.
9. Elle s'est habillée en bleu.
10. Elles ne savent pas se débrouiller.
11. Nous nous chaufferons à votre feu.

V.
1. Nous nous trompons beaucoup.
2. Vous ennuyez-vous ici?
3. L'hôtel se trouve en face du restaurant.
4. Ils ne se débrouillent pas bien.
5. Nous nous étions déjà brossé les dents.
6. Tu t'étais beaucoup dérangé(e).
7. Le bateau s'était déjà éloigné.
8. Vous vous étiez moqué(e)(s)(es) de tout le monde.
9. Dans ce cas-là, vous vous lèveriez de bonne heure.
10. Dans ce cas-là, nous nous servirions de cette auto-là.
11. Dans ce cas-là, je m'ennuierais ici.
12. Dans ce cas-là, elles ne se fâcheraient pas.

Quatrième Leçon (suite)

VI.
1. Hélène, dépêchez-vous.   2. Hélène, ne vous dépêchez pas.   3. Georges, amusez-vous bien.

VII.
1. Suzette, habille-toi en bleu.
2. Suzette, ne t'habille pas en rouge.
3. Robert, ne te trompe pas.

VIII.
La vérification n'est pas possible.

IX.
1. Christophe Colombe avait déjà découvert l'Amérique.
2. La neige recouvre la terre.
3. Marc a ouvert ta lettre.
4. Dans ce cas-là, je vous offrirais vingt-cinq dollars.
5. Ils lui offriront cent dollars.
6. Les portes s'ouvrent à neuf heures.
7. En ce temps-là, vous souffriez terriblement.
8. Nous aurions recueilli les journaux.

X.
1. Les portes se sont ouvertes à midi.
   Les portes s'ouvraient à midi.
   Les portes s'étaient ouvertes à midi.
   Les portes s'ouvriront à midi.
   Les portes s'ouvriraient à midi.
   Les portes se seraient ouvertes à midi.
2. Elle a cueilli des tulipes pour toi.
   Elle cueillait des tulipes pour toi.
   Elle avait cueilli des tulipes pour toi.
   Elle cueillera des tulipes pour toi.
   Elle cueillerait des tulipes pour toi.
   Elle aurait cueilli des tulipes pour toi.

XI.
1. sourcils
2. ressemble
3. de nouveau
4. rougit
5. ramasser
6. s'est cogné
7. me pencher
8. blesser
9. tousse

XII.
La vérification n'est pas possible.

XIII.
La vérification n'est pas possible.

XIV.
1. Je vais passer mes vacances à Londres.
   Tu vas passer tes vacances en Angleterre.
   Nous allons passer nos vacances au Mexique.
   M. Leblanc va passer ses vacances en Afrique.
   Vous allez passer vos vacances à Saint-Tropez.
   Mes amis vont passer leurs vacances au Brézil.
   Je vais passer mes vacances en Espagne.
   Les Debois vont passer leurs vacances aux États-Unis.
2. Tu as ta voiture et nous avons la nôtre.
   Vous avez votre voiture et ils ont la leur.
   Georges a sa voiture et j'ai la mienne.
   Nous avons notre voiture et vous avez la vôtre.
   Mes amis ont leur voiture et tu as la tienne.
3. Je préfère mes cours et il préfère les siens.
   Nous préférons nos cours et ils préfèrent les leurs.
   Vous préférez vos cours et je préfère les miens.
   Tu préfères tes cours et nous préférons les nôtres.
   Robert préfère ses cours et tu préfères les tiens.
   Elles préfèrent leurs cours et vous préférez les vôtres.

XV.
1. Non. Il faut que nous finissions ce soir.
2. Non, il ne croit pas que nous ayons terminé.
3. C'est vrai. Je regrette qu'ils ne viennent pas.
4. J'espère qu'ils viendront ce soir.
5. Non, je ne crois pas qu'il soit disponible ce soir.
6. Non, je ne crois pas qu'elle soit venue.
7. Il vaudrait mieux que tu rentres aujourd'hui.
8. Je doute fort qu'ils aient fini.
9. Oh, je suis content que vous ayez gagné.
10. Je ne crois pas qu'ils aillent en ville.

XVI.
1. Vous boirez du vin avec vos repas.
2. Vous devriez vous soigner.
3. Tu es né(e) à Chicago.
4. Ils me doivent cinq francs.
5. En ce temps-là, elle était déjà née.
6. Je reçois une lettre tous les jours.
7. Nous ne buvons pas assez d'eau.
8. Ils devaient arriver plus tôt.
9. Tu n'aurais pas reconnu ton frère.
10. Elle n'a pas bu de lait.
11. Connaissez-vous le patron?
12. Ce livre-là paraîtra l'année prochaine.

XVII.
1. Elle mourut en septembre.
2. Les Anglais condamnèrent Jeanne d'Arc à être brûlée.
3. Il publia son livre l'année dernière.
4. François Ier fut roi de France au seizième siècle.

XVIII.
1. manque
2. agacent
3. font la queue
4. en dépit de
5. fouillent
6. tige
7. sans peine
8. règles
9. accueillent

Cinquième Leçon

I.
1. aiguille, fil
2. rayons
3. digne
4. foule
5. méprisé
6. lâcheté
7. remué

II.
1. la tête, les doigts
2. le profil, les paupières
3. les dents
4. les pommettes, le visage, le regard
5. les sourcils, les fossettes

III.
La vérification n'est pas possible.

IV.
1. —, à
2. à
3. —
4. —, d', au
5. aux
6. à, de
7. —
8. à
9. à
10. aux, de

V.
1. Le patron les méprise.
2. Le patron le méprise.
3. Le patron la méprise.
4. Le patron les méprise.
5. Le professeur le renvoie.
6. Le professeur la renvoie.
7. Le professeur les renvoie.
8. Le professeur les renvoie.
9. Je lui ai conseillé de venir.
10. Je lui ai conseillé de venir.
11. Je leur ai conseillé de venir.
12. Je lui ai conseillé de venir.
13. Je vais le lui recommander.
14. Je vais le lui recommander.
15. Je vais la leur recommander.
16. Je vais les lui recommander.
17. Je vais les leur recommander.
18. Je vais le leur recommander.

VI.
1. C'est Jean qui les a traduites.
2. C'est Marc qui l'a traduit.
3. C'est Anne qui les a traduits.
4. C'est le patron qui me l'a donné.
5. C'est l'infirmière qui me les a donnés.
6. C'est ma mère qui me l'a donnée.
7. C'est Jacques qui nous l'a donnée.
8. C'est Jean qui nous les a donnés.
9. C'est ta sœur qui te les a apportés.
10. C'est Paul qui te (vous) l'a apporté.
11. C'est Georges qui la lui a vendue.
12. C'est Monique qui les lui a vendues.
13. Non, elle ne lui ressemble pas.
14. Non, il ne me les a pas renvoyés.
15. Non, il ne les lui a pas renvoyés.

VII.
Nous avons dit que nous relirions tous les documents.
Vous avez dit que vous reliriez tous les documents.
Ils ont dit qu'ils reliraient tous les documents.
Georges a dit qu'il relirait tous les documents.
Tu as dit que tu relirais tous les documents.
J'ai dit que je relirais tous les documents.

Cinquième Leçon (suite)

VIII.
1. En ce temps-là, vous lisiez beaucoup.
2. Georges dit qu'il ne vient pas aujourd'hui.
3. Elles avaient déjà lu la leçon.
4. Dans ce cas-là, le peuple n'aurait pas élu ce candidat-là.
5. Vous me contredisez tout le temps.
6. Quelquefois je lisais jusqu'au lever du soleil.
7. Il m'a dit de ne pas te le dire.
8. Demain nous élirons un nouveau président.

IX.
1. Je lis beaucoup.
2. Je lis.
3. Je lisais quand vous êtes entré(e)(s)(es).
4. J'avais déjà lu tout le roman.
5. J'ai lu toute le roman hier soir.
6. Je le lirai ce soir.
7. Dans ce cas-là, je le lirais tout de suite.
8. Dans ce cas-là, je l'aurais lu hier soir.

X.
1. sol
2. au fond de
3. sable
4. blé
5. balayer
6. droit
7. sueur
8. guérir

XI.
1. se perdre
2. partir
3. vous moquez
4. suspendre
5. stupidement
6. vous fâchez

XII.

La vérification n'est pas possible.

XIII.

La vérification n'est pas possible.

XIV.
1. J'ai mes crayons et tu as les tiens.
2. Nous avons notre valise et vous avez la vôtre.
3. Ils ont leurs valises et j'ai les miennes.
4. Tu as ton fil et Solange a le sien.
5. Jeannette a ses billets et tu as les tiens.
6. Jean-Marc a son auto et ils ont la leur.
7. Vous avez vos droits et nous avons les nôtres.
8. Elles ont leurs places et vous avez les vôtres.

XV.
1. en, dans
2. à
3. au, au, aux
4. en
5. en, en

XVI.
1. Elle s'est cogné la tête.
2. Nous cueillons des violettes pour notre mère.
3. Les enfants se sont égarés dans la forêt.
4. Nous allons nous mettre en route tout de suite.
5. Elle souffrait beaucoup en ce temps-là.
6. Mes parents vous accueilleraient avec joie.
7. Ces deux filles-là se ressemblent beaucoup.
8. Nous ne nous sommes pas réveillé(e)s à l'heure.
9. Je dois voir Marc tout de suite.
10. Elles auraient dû me le dire.
11. Repose-toi bien, mon ami.
12. Ne vous trompez pas.
13. Buvez ce médicament.
14. Je voudrais me chauffer à votre feu.
15. Nous avions déjà ouvert toutes les portes.
16. Tu recevras ton cadeau demain.
17. Ils lui offrent cent dollars.
18. Avez-vous reçu votre paquet?

XVII.
1. Vous devez fermer la porte à clef.
2. Vous avez dû fermer la porte à clef.
3. Vous deviez fermer la porte à clef.
4. Vous devriez fermer la porte à clef.
5. Vous auriez dû fermer la porte à clef.
6. Vous me devez cinq dollars.

XVIII.
1. enlever
2. moindre
3. sapin
4. moelleux
5. de nouveau
6. mêler
7. arracher
8. au moins
9. veiller sur
10. drôle de

Sixième Leçon

I.
1. décédé
2. soutien
3. congé
4. ennuyé
5. partagé
6. vieillard
7. essence
8. assoupi
9. concierge

II.
1. voyage
2. ne signifiait rien
3. morte
4. Tout bien considéré
5. support
6. En résumé

III.
La vérification n'est pas possible.

IV.
1. Quand les autres viendront, nous nous mettrons en route.
2. Quand j'aurai le temps, je me soignerai.
3. Dès que vous arriverez, nous commencerons.
4. Aussitôt que Monique te reverra, elle rougira.
5. Quand elle aura le temps, elle tricotera un pull.
6. Si elle reste ici elle s'ennuyera.
7. Si j'ai le temps, je balayerai la poussière dans la cuisine.
8. Si tu lui dis cela, il se mettra en colère.
9. Si tu lui dis cela, il rira de toi.
10. Si vous ne baissez pas la tête, vous vous cognerez le front.
11. Si vous vous soigniez, vous seriez déjà sur pied.
12. Si M. Noé faisait attention, il s'exprimerait mieux.
13. Si tu sortais sous la pluie, tu serais trempé.
14. Si je le lui demandais, le patron me donnerait deux jours de congé.
15. Si Marc voulait, il pourrait être disponible ce soir.
16. Si vous étiez resté(e)(s)(es) ici, vous vous seriez ennuyé(e)(s)(es).
17. Si l'autobus n'était pas arrivé, j'aurais fait le trajet à pied.
18. Si maman n'était pas restée à l'asile, elle aurait pleuré.
19. S'il avaient été fatigués, ils auraient dormi durant tout le trajet.
20. S'il avait fait si chaud, je me serais certainement assoupi(e) aussi.

V.
1. visitera
2. dînerions
3. n'étais pas
4. n'aurions pas pu
5. aurait rendu visite
6. verrai
7. vois
8. j'avais vu
9. viendront
10. ferons

VI.
1. L'enfant tousse depuis ce matin.
2. Ça fait déjà deux semaines qu'elle est sur pied.
3. Depuis combien de temps étudient-ils?
4. Sa mère pleure depuis son départ.
5. Depuis quand êtes-vous malade?
6. Voilà un mois qu'ils suivent ce traitement-là.
7. Nous songeons à ce problème depuis longtemps.
8. Depuis quand faites-vous la queue?
9. Nous réfléchissions à ce problème-là depuis des mois.
10. Ça faisait des semaines que mon père était malade.
11. Il y avait une heure qu'elle attendait.
12. Depuis combien de temps tricotait-elle?
13. Il y avait longtemps qu'elle était déjà sur pied.
14. Depuis quand étudiiez-vous?

VII.
1. Elle étudie depuis longtemps.
2. Il y a longtemps que j'attends.
3. J'ai attendu pendant longtemps.
4. J'attendais depuis longtemps.
5. Il y avait longtemps qu'elle étudiait.

Sixième Leçon (suite)

VIII.
1. Dans ce cas-là, vous ne ririez pas.
2. Dans ce cas-là, vous n'auriez pas ri.
3. Pourquoi n'avez-vous pas couru hier?
4. Elle riait de bon cœur.
5. Ils courent le risque d'échouer.
6. Tu courais bien vite en ce temps-là.
7. Tu courrais très loin, si nécessaire.
8. Nous avions ri jusqu'aux larmes.

IX.
1. J'ai couru le risque de toute perdre.
   Je courais le risque de tout perdre.
   J'avais couru le risque de tout perdre.
   Je courrai le risque de tout perdre.
   Je courrais le risque de tout perdre.
   J'aurais couru le risque de tout perdre.
2. Vous avez ri jusqu'aux larmes.
   Vous riiez jusqu'aux larmes.
   Avous aviez ri jusqu'aux larmes.
   Vous rirez jusqu'aux larmes.
   Vous ririez jusqu'aux larmes.
   Vous auriez ri jusqu'aux larmes.

X.
1. athée
2. bavarder
3. teint
4. enterrement
5. gêné
6. étonné

IX.
1. vis
2. foulard
3. cour
4. teint
5. gêné
6. meublé

XII.
La vérification n'est pas possible.

XIII.
La vérification n'est pas possible.

XIV.
1. Il les apporte, n'est-ce pas?
2. Oui, il en apporte quelques-uns.
3. Il me les a apportés.
4. Il vous l'a apporté.
5. Il la lui apporte.
6. Il leur en apporte.
7. Il va te la donner.
8. Il ne le leur a pas recommandé.
9. Ils vont nous les montrer.
10. Ils vont nous en montrer quatre.

XV.
1. Qui a ouvert ma lettre?
2. Vous vous êtes trompé un peu, mon ami.
3. Je me débrouille assez bien en mathématiques.
4. J'avais dit la vérité.
5. Elles se sont brossé les dents.
6. As-tu lu ce roman-là?
7. Tu aurais dû te dépêcher.
8. Nous souffrions trop en ce temps-là.
9. Marc va se réveiller trop tôt.
10. Ils cueilleront des fraises demain.
11. Nous nous fâcherons.
12. Nous ne nous sommes pas fâché(e)s.
13. Elle nous contredit toujours.
14. Ne te repose pas.
15. Dans ce cas-là, il aurait offert davantage.
16. Si nécessaire, ils reliraient tous les papiers officiels.

XVI.
1. par-dessus
2. chauffé
3. redressé
4. méprisé
5. volonté
6. vaincu
7. fossettes

Septième Leçon

I.
1. maigre
2. aller
3. une dizaine
4. nid
5. ventre

II.
1. tablier
2. rang
3. ombre
4. coutume
5. habits
6. renseigné
7. rides

III.

La vérification n'est pas possible.

IV.
1. C'est un concierge.
2. C'est une concierge.
3. C'est une Italienne.
4. C'est un médecin.
5. C'est une institutrice.
6. Elle est orpheline.
7. Il est athée.
8. Elle est infirmière.
9. Il est instituteur.
10. Il est espagnol.

V.
1. Ce sont des Algériens.
2. Elles sont italiennes.
3. Ils sont étrangers.
4. C'étaient des étrangères.

VI.
1. C'était un bon étudiant.
2. Il est professeur.
3. C'est un professeur extraordinaire.
4. Elle est athée.

VII.
1. Il y est allé avec elle.
2. Elles vont les voir.
3. Ils sont chez eux.
4. Il en a gardé une pour elle.
5. Il l'a gardée pour lui.
6. Il en a gardé plusieurs pour eux.
7. Il est moins étonné qu'elle.
8. Il va nous l'expliquer.
9. Il va nous en raconter quelques-unes.
10. Expliquez-les-nous.
11. Expliquez-les-leur.
12. Ne me le dites pas.

VIII.
1. Donnez-le-moi.
2. Apporte-le-leur.
3. Donnez-les-nous.
4. Apportez-m'en.
5. Donne-les-nous.

IX.
1. Ne l'étudiez pas.
2. Ne nous les montrez pas.
3. Ne leur en apportez pas.
4. Ne m'en donnez pas cinq.
5. Ne me l'apporte pas.

X.
1. Ils sont assis au troisième rang.
2. Non, je me suis assise en face de Paul.
3. Georges et Jean-Paul se plaignent de votre cuisine.
4. Oui. J'éteindrai les lampes.
5. Nous peindrons cette pièce la semaine prochaine.
6. C'est vrai. Ils craignent Jacques.
7. Non, il n'a pas atteint son objectif.
8. D'ordinaire, je m'assieds au fond de la salle.

XI.
1. Je craignais cette éventualité-là depuis longtemps.
2. Tu t'assieds avec Hélène, n'est-ce pas?
3. Elle s'est plainte auprès du professeur.
4. Elle craint de lui en parler.
5. Hélène sera assise avec Jean.
6. Hélène s'assiéra derrière les autres.
7. Nous nous asseyons toujours au premier rang.
8. Je plains cet homme-là.
9. Vous atteindrez votre objectif, n'est-ce pas?
10. Dans ce cas-là, vous atteindriez votre objectif, n'est-ce pas?
11. Ils se sont assis en face des professeurs.
12. Ils sont assis en face des professeurs.

XII.
1. J'ai plaint cette femme.
   Je plaignais cette femme.
   J'avais plaint cette femme.
   Je plaindrai cette femme.
   Je plaindrais cette femme.
   J'aurais plaint cette femme.
2. Elle s'est plainte auprès du patron.
   Elle se plaignait auprès du patron.
   Elle s'était plainte auprès du patron.
   Elle se plaindra auprès du patron.
   Elle se plaindrait auprès du patron.
   Elle se serait plainte auprès du patron.

XIII.
1. Vous le plaignez, n'est-ce pas?
2. Vous vous plaignez toujours.
3. Vous vous plaindrez demain.
4. Vous plaigniez votre oncle, n'est-ce pas?

Septième Leçon (suite)

XIV.
1. faubourg
2. orage
3. boutiquier
4. commode
5. banlieue
6. culotte
7. vide
8. marin

XV.
1. plaisanteries
2. traînaient
3. donne sur
4. glace
5. nœud
6. soie
7. hurlaient
8. bondés

XVI.
La vérification n'est pas possible.

XVII.
La vérification n'est pas possible.

XVIII.
1. J'ai peine à la croire.
2. Ils en ont gardé quatre pour eux.
3. Oui, tu me les as données.
4. Oui, il nous en a déjà apporté.
5. Non, il ne nous l'a pas encore apporté.
6. Le professeur la lui a conseillée.
7. Solange les leur a conseillés.
8. Nous l'habitons depuis quatre ans.
9. Oui, il y a des mois que j'y réféchis.
10. C'est Anne qui me l'a dit.

XIX.
1. Nous avions déjà lu ces pièces-là.
2. Si vous venez à cette heure-là, les trams seront bondés.
3. Si vous aviez vu le film, vous auriez ri jusqu'aux larmes.
4. Lorsque j'aurai le temps, je lirai ce roman.
5. Si le médecin me l'avait conseillé, je me serais mieux soigné.
6. Tu lisais beaucoup en ce temps-là.
7. Dès que vous me contredirez une seule fois, je m'en irai.
8. Si vous allez voir ce film, vous rirez beaucoup.
9. Si vous vous étiez renseigné(e)(s)(es), vous auriez pu faire une meilleure recommandation.
10. Quand il viendra, il te le dira.
11. Ne le lui dites pas.
12. Je prendrais cet appartement s'il ne donnait pas sur la rue.
13. J'aurais mieux couru, si je n'avais pas été fatigué.
14. Nous courrons à la pharmacie pour prendre ce médicament-là.

XX.
1. Quand il viendra, je le lui dirai.
2. S'il vient, je le lui dirai.
3. S'il venait, je le lui dirais.
4. S'il venait, je le lui dirais.
5. S'il venait, je le lui dirais.
6. S'il était venu, je le lui aurais dit.
7. S'il était venu, je le lui aurais dit.
8. Dès qu' (Aussitôt qu') il viendra, je le lui dirai.
9. Depuis combien de temps lit-il?
10. Il lit depuis une heure. Il y a une heure qu'il lit.
11. Il lisait depuis une heure quand vous êtes entré(e)(s)(es). Il y avait (Ça faisait) une heure qu'il lisait quand vous êtes entré(e)(s)(es).

XXI.
1. remuait
2. éclairait
3. vis
4. fil, aiguille
5. avait l'air
6. bavardait
7. trajet

Huitième Leçon

I.
1. fidèles
2. pommier
3. allume
4. parent
5. or

II.
1. confier
2. être de retour
3. couper
4. patiner
5. rejoindre
6. se rassembler

III.
La vérification n'est pas possible.

IV.
1. Tu prendras ces journaux-ci et les autres prendront ceux-là.
2. Marie prendra cette robe-ci et Jeannette prendra celle-là.
3. Vous prendrez ce portefeuille-ci et je prendrai celui-là.
4. Nous prendrons ces photos-ci et tu prendras celles-là.
5. Les enfants prendront cette salade-ci et nous prendrons celle-là.

V.
1. Oui, mais celles de Marc sont meilleures.
2. Non, j'ai celle de Jean.
3. Non, je préfère celui-là.
4. Non, j'ai lu ceux du docteur Knock.
5. Non, ils préfèrent celles-là.
6. Non, ils ont acheté celui-là.

VI.
1. J'y pense aussi.
2. Oui, nous y pensions.
3. Oui, nous pensions à eux.
4. Je pense qu'il est bon.
5. Oui, elle y pense.
6. J'y penserai demain.

VII.
1. À quoi pensez-vous?
2. Que pensez-vous (Qu'est-ce que vous pensez) de mes amis?
3. Que pense-t-elle (Qu'est-ce qu'elle pense) de moi?
4. J'y pense.
5. J'y pense depuis longtemps.
6. Je pense à elle.
7. Elle pense à moi.

VIII.
1. Qu'il finisse tout de suite!
2. Qu'ils le fassent tout de suite!
3. Qu'elle revienne tout de suite!
4. Qu'ils s'en aillent tout de suite!
5. Qu'elles les apprennent tout de suite!
6. Qu'il les apporte tout de suite!

IX.
La vérification n'est pas possible.

X.
1. Elle a fait faire une robe.
   Elle faisait faire une robe.
   Elle avait fait faire une robe.
   Elle fera faire une robe.
   Elle ferait faire une robe.
   Elle aurait fait faire une robe.
2. Nous avons vu venir le patron.
   Nous voyions venir le patron.
   Nous avions vu venir le patron.
   Nous verrons venir le patron.
   Nous verrions venir le patron.
   Nous aurions vu venir le patron.

XI.
1. Non, elle m'a fait prendre celle-là.
2. Non, on ne les fera pas venir.
3. Jean les leur a fait voir.
4. Marc me les a fait voir.
5. Oui, nous l'entendrons chanter.
6. Si, si. Il le laissera sortir.

XII.
1. Je meurs de faim.
2. Elles sont mortes en novembre.
3. Nous mourrons tous un jour.
4. Dans un sens, nous mourons un peu tous les jours.
5. En ce temps-là, elle était déjà morte.
6. Dans ce cas-là, ils ne seraient pas morts.
7. Il est mort d'un cancer.

XIII.
1. destin
2. séparer
3. plus tard
4. inquiet
5. terrible
6. En tout cas
7. mots

Huitième Leçon (suite)

XIV.
1. emmener
2. être
3. prière
4. couverture
5. empêcher
6. sourde
7. trésor

XV.
La vérification n'est pas possible.

XVI.
La vérification n'est pas possible.

XVII.
1. que
2. Lorsque
3. Voilà
4. il y a
5. pendant
6. s'
7. Depuis quand
8. C'
9. Ce
10. Elle
11. Ça faisait

XVIII.
1. S'il fait beau, ils viendront sûrement.
2. Oui, c'est un bon professeur.
3. Je l'ai écrite moi-même.
4. C'est Marc qui l'a écrite pour lui.
5. S'ils avaient assez d'argent, ils y iraient l'année prochaine.
6. Elles sont assises au quatrième rang.
7. C'est Joseph qui la lui a vendue.
8. Mais non! Je ne me plains pas trop!
9. Mais non, il est plus grand que toi.
10. Ils l'ont déjà peinte hier.
11. Nous nous assiérons avec Madeleine.
12. Non, mais si on l'avait aidé un peu, il aurait fini.
13. Ils vont s'y rendre tout de suite.
14. Oui, il est assis avec eux là-bas.
15. Je regrette, mais je ne lui en ai pas parlé.

XIX.
1. C'est une bonne idée. Invitez-les.
2. C'est une bonne idée. Recommandez-le-lui.
3. C'est une bonne idée. Dites-le-moi.
4. C'est une bonne idée. Donnez-m'en.
5. C'est une bonne idée. Expliquez-les-leur.
6. Bon, ça va. Ne les aidez pas.
7. Bon, ça va. Ne me (nous) les dites pas.
8. Bon, ça va. Ne m'en (nous en) parlez pas.
9. Bon, ça va. N'y répondez pas.
10. Bon, ça va. Ne les leur exprimez pas.

XX.
1. Tu craignais surtout la mort.
2. Ils n'ont pas atteint leurs objectifs.
3. Nous nous étions assis avec Madeleine.
4. Nous avons parcouru le même chemin.
5. Elle n'aurait pas souri ce soir-là.
6. J'aurais craint sa réponse.
7. Vous courez le risque de ne pas terminer à l'heure.
8. Ils rient de bon cœur.

XXI.
1. s'ennuie
2. orage
3. veut dire
4. meublé
5. cour
6. donne sur
7. s'agit
8. éclat

Neuvième Leçon

I.
1. déception
2. céder
3. tournée
4. fait
5. avouer
6. m'efforcer
7. sourire
8. m'égarer
9. glacer
10. pénible

II.
1. la glace
2. le fait
3. le désespoir
4. l'empêchement (*m.*)

III.
La verification n'est pas possible.

IV.
1. Voilà un étudiant sérieux.
2. C'est une petite fille active.
3. Ce sont des volumes épais.
4. Sa figure est expressive.
5. Ce sont des romanciers principaux.
6. Elles sont étrangères.
7. C'est une fille curieuse.
8. C'est une région délicieuse.
9. C'est une surface plate.
10. J'ai noté des éléments antisociaux.
11. Anne et son frère sont maigres.
12. Cette fille est italienne, je crois.
13. L'entrée est gratuite.
14. Ce sont des enfants têtus.

V.
1. Oui, j'ai de bons amis.
2. Oui, elle a acheté un petit foulard vert.
3. Oui, il y a un hôtel moderne sur la place là-bas.
4. Oui, j'aime les bons films étrangers.
5. Oui, elle cherche un appartement meublé.
6. Oui, c'est un bon médecin.

VI.
1. Son armée fut déjà arrivée devant les portes de la ville.
2. Il eut fini son travail avant notre départ.
3. Le roi eut déjà déclaré la guerre.
4. Ses parents furent déjà partis à son arrivée.
5. Ils eurent déjà publié leurs mémoires.

VII.
1. Le pasteur aurait préféré ne pas lui en parler.
2. Si elle était allée voir un médecin, elle aurait été guérie.
3. Qui aurait dit une chose pareille?
4. J'aurais voulu le voir avant son départ.
5. Fallait-il que le premier ministre attende une heure?
6. Si nous avions su cela, nous serions venus avant.
7. Il était important que nous arrivions au village avant lui.
8. Je doutais qu'elle soit morte à cette époque-là.

VIII.
1. conduisez
2. produit
3. construisent
4. conduis
5. ont reconstruit
6. avons traduit
7. a complètement détruit
8. ai conduit
9. conduirai
10. détruiras
11. reconstruirons
12. produiront

IX.
1. Nous avons reconstruit notre maison sur le même endroit.
   Nous reconstruisions notre maison sur le même endroit.
   Nous avions reconstruit notre maison sur le même endroit.
   Nous reconstruirons notre maison sur le même endroit.
   Nous reconstruirions notre maison sur le même endroit.
   Nous aurions reconstruit notre maison sur le même endroit.
2. J'ai conduit les autres chez eux.
   Je conduisais les autres chez eux.
   J'avais conduit les autres chez eux.
   Je conduirai les autres chez eux.
   Je conduirais les autres chez eux.
   J'aurais conduit les autres chez eux.

X.
1. souple
2. rude
3. naissance
4. tiède
5. douce
6. aile
7. piscine
8. reconnaissance
9. baiser
10. pesant

XI.
1. l'inquiétude (*f.*)
2. la naissance
3. la reconnaissance
4. la peine
5. le vol

XII.
La vérification n'est pas possible.

XIII.
La vérification n'est pas possible.

Neuvième Leçon (suite)

XIV.
1. Non, je n'y ai pas pensé.
2. Le pasteur me l'a confiée.
3. Oui, il est boutiquier.
4. Il l'a allumé lui-même.
5. Oui, elle pensait à eux.
6. Oui, c'est un bon pasteur.
7. C'est Jean qui la lui a cédée.
8. Qu'est-ce que vous pensez de lui?
9. Qu'est-ce que vous en pensez?
10. Non, il ne la lui a pas avouée.
11. C'est Anne qui l'a tricotée pour vous.
12. Non, il m'a fait réciter celui-là.
13. Non, j'aime mieux ceux-là.
14. Non, je le ferai venir demain.
15. Je préfère celle de Marc.
16. Non, je vais acheter celui que j'ai vu hier.
17. Elle s'est assise au deuxième rang.
18. Non, elle n'est pas assise avec lui.

XV.
1. Que Paul parte tout de suite!
2. Ne me le dites pas!
3. Elles sont mortes en janvier.
4. Ce sont de bons professeurs.
5. Que les autres viennent aussi!
6. Elle est infirmière.
7. Ils craignent de parler.
8. Confiez-la-lui.

XVI.
1. J'ai craint son indifférence.
   Je craignais son indifférence.
   J'avais craint son indifférence.
   Je craindrai son indifférence.
   Je craindrais son indifférence.
   J'aurais craint son indifférence.
2. Des milliers sont morts de faim.
   Des milliers mouraient de faim.
   Des milliers étaient morts de faim.
   Des milliers mourront de faim.
   Des milliers mourraient de faim.
   Des milliers seraient morts de faim.

XVII.
1. Je ne sais pas où demeurent tes parents.
2. Ils n'ont pas vu les peintures qu'a achetées ta mère.
3. Nous n'avons pas aimé le film qu'a recommandé notre professeur.
4. Sans doute viendront-ils demain.

XVIII.
1. être de retour
2. vides
3. rêve
4. fidèles
5. allumer
6. stade
7. nids
8. rides

Dixième Leçon

I.
1. bercer
2. abattre, hache
3. souci
4. paroisse
5. besogne
6. charrue
7. noces
8. foin, récolte
9. faucher
10. grêle
11. Jadis

II.
1. La vérification n'est pas possible.

III.
1. trois cent soixante-seize
2. huit cent vingt-quatre
3. mille cinq cent quatre-vingt-dix-huit
4. deux millions six cent cinquante-trois mille deux cent trente-neuf

IV.
1. Huit et douze font vingt.
2. Quinze et dix-sept font trente-deux.
3. Neuf et seize font vingt-cinq.
4. Dix et dix-huit font vingt-huit.
5. Trente-trois et quarante-quatre font soixante-dix-sept.
6. Cinquante-deux et quarante-trois font quatre-vingt quinze.

V.
1. septième
2. seizième
3. troisième
4. premier, première
5. vingt et unième
6. onzième
7. cinquième

VI.
1. Hélène a plus de corsages qu'Anne.
2. Albert a plus d'amis qu'André.
3. Tante Alice a plus de fourrures que bonne-maman.
4. Le salon a plus de rideaux que la cuisine.
5. Elle avait plus de poupées que sa sœur.
6. L'actrice avait plus de malles que l'acteur.

VII.
1. Simone écrit mieux qu'Élizabeth.
2. Knock est un meilleur médecin que Parpalaid.
3. M. Jourdain est un meilleur professur que M. Leblanc.
4. Jacques patine mieux que Jean.
5. L'enfant est une meilleure actrice que sa cousine.

VIII.
1. Nous avons été plus prudents que toi.
2. Ils ont été plus accueillants que les Dubois.
3. Vous avez été plus agréable que moi.
4. Tu as plus de couvertures que moi.
5. Anne a plus de poupées que son amie.
6. Nous avons plus de tact qu'eux.
7. Nous aurons autant de temps que Marc.
8. Ils auront autant de clients que le docteur Knock.
9. J'aurai autant d'argent que toi.
10. C'est l'hôtel le moins commode de la ville.
11. C'est la femme la moins âgée de l'asile.
12. Ce sont les étudiants les moins bêtes de tous.
13. Dans ce cas-là, ils auraient mieux couru que les autres.
14. Dans ce cas-là, tu aurais mieux patiné que les autres.
15. Dans ce cas-là, elle aurait mieux dansé que les autres.
16. Ces enfants sont aussi maigres que ceux-là.
17. Ce tram est aussi bondé que celui-là.
18. Ces soldats sont aussi lâches que ceux-là.
19. La plupart des ouvriers n'ont pas fini leurs projets.
20. La plupart des hommes ont cédé leurs places.
21. La plupart des copains ont causé ensemble jusqu'à l'aube.

IX.
1. Ils remettaient toujours les réunions.
2. Elle battait beaucoup le blé.
3. On ne me permettait pas de sortir le soir.
4. Nous nous soumettions toujours à sa volonté.
5. Ils ne s'étaient pas battus.
6. Nous nous étions mis à danser.
7. Elle avait promis de le faire.
8. Tu avais battu ce garçon.
9. Ils se remettent au travail.
10. Je ne me bats pas.
11. Elles battent leurs enfants.
12. Je vous promets de venir.
13. Vous la battrez de justesse.
14. Georges n'admettra jamais cela.
15. Je lui transmettrai votre message.

X.
1. Nous ne nous sommes jamais battu(e)s.
   Nous ne nous battions jamais.
   Nous ne nous étions jamais battu(e)s.
   Nous ne nous battrons jamais.
   Nous ne nous battrions jamais.
   Nous ne nous serions jamais battu(e)s.
2. Il a tout promis sans rien faire.
   Il promettait tout sans rien faire.
   Il avait tout promis sans rien faire.
   Il promettra tout sans rien faire.
   Il promettrait tout sans rien faire.
   Il aurait tout promis sans rien faire.

XI.
1. hennissement
2. perchoir
3. gerbe
4. armoire
5. gorgée
6. coup d'œil
7. écurie
8. poulailler

XII.
1. arroser
2. botte
3. clocher
4. pré
5. rôder
6. traire
7. rayon
8. pencher

XIII.
La vérification n'est pas possible.

Dixième Leçon

XIV.
1. Non, ils le feront venir demain.
2. Je pensais à eux aussi.
3. J'y penserai plus tard aussi.
4. Non, mais il mourra avant demain.
5. Oui, j'ai de bons romans français.
6. Qu'il vienne tout de suite!
7. Apportez-moi celle-là.
8. Oui, ils ont des enfants actifs.
9. Non, je les y conduirai dans un instant.
10. Non, j'aime mieux ceux-là.
11. Non, j'ai pris celui de Georges.
12. Qu'est-ce que vous en pensez?

XV.
1. Il n'eut pas le temps de s'évader.
2. Je meurs de faim.
3. Ils mouraient de soif.
4. Les Français produisent des Citroën et des Renault.
5. Ce sont des jeunes filles sérieuses.
6. Ils décidèrent de partir le lendemain.
7. Que Georges finisse à l'heure!
8. Voilà l'appartement où demeurent ses camarades.
9. L'entrée est gratuite.
10. C'est un bel hôtel moderne.
11. Vous faites faire une robe, n'est-ce pas?
12. Sans doute reconstruiront-ils leur maison l'année prochaine.

XVI.
1. Mon oncle est mort il y a cinq ans.
2. Nous traduisions Platon en français.
3. Elle craignait que son ami n'arrivât trop tard.
4. Tous mourront un jour.
5. Il étaient déjà morts.
6. Si cet homme eût su cela, il ne fût pas parti.
7. Ces enfants-là détruisent tout.
8. Je voulais qu'il fût là à l'heure.
9. Vous reconstruirez votre maison l'année prochaine, n'est-ce pas?
10. Je vous aurais conduit(e)(s)(es) à l'hôtel.

XVII.
1. empêchement
2. nous rassembler
3. amer
4. confier
5. couverture
6. causer
7. nous efforcer
8. parole

Onzième Leçon

I.
1. camionnette
2. péché
3. couvent
4. cachette
5. orgueil

II.
1. défendu
2. convaincu
3. entretenu
4. fait semblant
5. caché

III.
La vérification n'est pas possible.

IV.
1. Oui, elle en a d'autres.
2. Oui, chacun sera bondé.
3. Oui, j'en ai acheté quelques-unes.
4. Oui, il en a pris quelques-uns.
5. Oui, elle en a plusieurs.
6. Oui, chacune en apportera un.
7. Oui, ils les ont toutes faites.
8. Oui, je les ai tous lus.
9. Oui, elle l'a tout lu.
10. Oui, il en avait d'autres.
11. Oui, je les ai tous vus.
12. Oui, elles les ont toutes comprises.

V.
1. Je revis mon enfance.
2. Vous revivez le passé.
3. Ils écrivent beaucoup de lettres.
4. Elle décrit ses expériences en Afrique.
5. Molière a vécu au XVIIe siècle.
6. Nous n'avons pas écrit nos compositions.
7. Rabelais a vécu au XVIe siècle.
8. Voltaire vécut au XVIIIe siècle.
9. Il décrivit les horreurs de la guerre au Viet-nam.
10. Victor Hugo vécut au XIXe siècle.
11. Votre père vivra longtemps.
12. J'écrirai les rapports demain.
13. Ils survivront cette expérience.

VI.

1. Nous avons écrit à nos copains.
   Nous écrivions à nos copains.
   Nous avions écrit à nos copains.
   Nous écrirons à nos copains.
   Nous écririons à nos copains.
   Nous aurions écrit à nos copains.

2. Elle a revécu le passé.
   Elle revivait le passé.
   Elle avait revécu le passé.
   Elle revivra le passé.
   Elle revivrait le passé.
   Elle aurait revécu le passé.

VII.

1. tranquilles
2. pareils
3. honte
4. traits
5. tué
6. amoureux
7. trahi
8. sali
9. amené

VIII.

La vérification n'est pas possible.

IX.

1. seize, soixante, soixante-dix-sept
2. quarante-quatre, quatre-vingt-huit, quatre-vingt-seize
3. Henri quatre
4. le douze octobre, mille quatre cent quatre-vingt-douze

X.

1. Jacques est plus honnête que Georges.
2. C'est Georges qui est le moins indispensable des trois.
3. Non, elle est moins sensible que Suzanne.
4. Oui, c'est le meilleur médecin de la ville.
5. Non, mais j'ai autant d'argent que toi.
6. C'est vrai, mais celui-ci est le plus amer de tous.
7. Oui, mais c'est Robert qui parle le mieux de la classe.
8. C'est vrai, mais il est aussi cher que celui-là.
9. Oui, je conduis bien.
10. Ils l'ont déjà reconstruite l'année dernière.
11. J'ai acheté la grande voiture bleue là-bas.
12. Oui, ils ont plusieurs beaux enfants intelligents.
13. Oui, mais si je pouvais, je la remettrais pour la semaine prochaine.
14. Je les ai déjà mis dans votre sac.
15. Non, je ne me bats jamais.

XI.

1. foin
2. pénible
3. piscine
4. t'efforçais
5. coup d'œil
6. t'inquiétais
7. poulailler
8. berçais

Douzième Leçon

I.

1. conteur
2. insoucieuse
3. aîné
4. cadet
5. toit
6. frais
7. lasse
8. bienfaisante
9. accablement

II.

1. étoiles
2. étincelles
3. tour
4. pierre
5. s'éteignent
6. cadette
7. murissent

III.

1. le trou
2. le souffle
3. le souci
4. l'accablement (*m.*)
5. le conte, le conteur

IV.

La vérification n'est pas possible.

V.

1. En allumant le feu, il s'est brûlé.
2. Avant de s'en aller, elle s'est emportée contre Marc.
3. Après avoir remercié l'enfant, il lui a donné un cadeau.

Douzième Leçon (suite)

4. En coupant les bûches, il s'est coupé le doigt.
5. Pour avoir chaud, elle a mis une autre couverture.
6. Après être arrivés, nous avons trouvé un hôtel.
7. Après avoir prié, elle s'est relevée.
8. En croisant les jeunes filles, ils ont lancé des plaisanteries.
9. Après être retournée, elle est allée voir ses amis.

VI.
1. travailler
2. travailler
3. de travailler
4. travailler
5. à travailler
6. à travailler
7. à travailler
8. de travailler

VII.
1. plaît
2. plaisent
3. vous taisez
4. ne m'a pas plu
5. nous sommes tu(e)s
6. ont plu
7. me tairai
8. plairont
9. te tairas

VIII.
1. Votre robe leur a plu.
   Votre robe leur plaisait.
   Votre robe leur avait plu.
   Votre robe leur plaira.
   Votre robe leur plairait.
   Votre robe leur aurait plu.
2. Sa présence m'a gêné(e) et je me suis tu(e).
   Sa présence me gênait et je me taisais.
   Sa présence m'avait gêné(e) et je m'étais tu(e).
   Sa présence me gênera et je me tairai.
   Sa présence me gênerait et je me tairais.
   Sa présence m'aurait gêné(e) et je me serais tu(e).

IX.
1. nue
2. fabrique
3. sentier
4. vers
5. aube
6. flot

X.
1. vomissaient
2. gonflaient
3. ricanaient
4. bourdonnaient
5. flânaient
6. subissaient
7. mugissaient

XI.
La vérification n'est pas possible.

XII.
La vérification n'est pas possible.

XIII.
1. Tu te bats trop.
2. Nous nous mettons à table à six heures précises.
3. Son oncle vit toujours.
4. J'ai mis la bicyclette dans le garage.
5. Paul nous a décrit son séjour au Portugal.
6. Uncle Antoine a vécu longtemps.
7. M. Leblanc n'aurait certainement pas écrit cela.
8. Mes grands-parents auraient vécu plus longtemps.
9. Sans ton intervention, nous nous serions battus.
10. Nous nous écrivions souvent en ce temps-là.
11. Vous ne vous battiez jamais.
12. On se mettait en route avant l'aube.

XIV.
1. Georges a écrit des vers en français.
   Georges écrivait des vers en français.
   Georges avait écrit des vers en français.
   Georges écrira des vers en français.
   Georges écrirait des vers en français.
   Georges aurait écrit des vers en français.

2. Mon père s'est mis à table à cinq heures et demie.
   Mon père se mettait à table à cinq heures et demie.
   Mon père s'était mis à table à cinq heures et demie.
   Mon père se mettra à table à cinq heures et demie.
   Mon père se mettrait à table à cinq heures et demie.
   Mon père se serait mis à table à cinq heures et demie.

XV.
1. Oui, il en a plusieurs.
2. Non, je ne les ai pas toutes écrites.
3. Oui, je l'ai toute étudiée.
4. Oui, tous viendront. (Oui, tout le monde viendra.)
5. Oui, je les aime tous.
6. Oui, il y en a quelques-uns sur le grand boulevard.
7. Non, je n'en ai pas d'autre.
8. Oui, il en a quelques-unes.

XVI.
1. Vingt-deux et trente-trois font cinquante-cinq.
2. Trente-six et cinquante et un font quatre-vingt-sept.
3. Onze fois quatre font quarante-quatre.
4. Sept fois neuf font soixante-trois.
5. Dix-neuf moins six font treize.
6. Quatre-vingt-sept moins vingt-six font soixante et un.

XVII.
1. Jean étudie mieux que Marc. Janine étudie le mieux de toute la classe.
2. La robe est plus chère que la jupe.
3. Oui, mais il a moins de tact que Robert (il en a moins que Robert).
4. Joseph est meilleur que Robert; Jean-Claude est le meilleur des trois.
5. Oui, j'ai autant de disques que toi.
6. Oui, et les pommes sont aussi belles que les tomates.

XVIII.
1. tranquille
2. caché
3. Jadis
4. arrosé
5. convaincu(e)
6. gerbe
7. amené
8. moisson